Schirinaj Dossowa

Mein ewiger Frühling

Meine Erlebnisse als Straßenmissionarin in Moskau und Usbekistan

Meiner Mutter
in froher Erinnerung gewidmet

Schirinaj Dossowa

Mein ewiger Frühling

Meine Erlebnisse als Strassenmissionarin in Moskau und Usbekistan

LICHT IM OSTEN

Die Bibelzitate wurden, wenn nicht anders angegeben, der Lutherbibel 1984 entnommen.

Russischer Originaltitel: „Moja vecnaja vesna“

Aus dem Russischen von Elisabeth Constien

Umschlag: Gerhard Thiessen, Bielefeld
Satz: Enns Schrift & Bild, Bielefeld
Druck: Ebner Ulm
Printed in Germany

ISBN: 3-935435-23-1

www.lio.org

Inhalt

Vorwort

Ein ungewöhnliches Buch einer ungewöhnlichen Frau liegt vor Ihnen. Schirinaj Dossowa ist eine ungewöhnliche Frau und ich freue mich, dass ihre Lebensgeschichte mit diesem Buch nun für viele Menschen zugänglich wird. Als ich ihr das erste Mal begegnete, hielt sie einen Gemeindeabend. Sie predigte und berichtete aus ihrem Dienst in Moskau. Sie wurde aus dem Russischen übersetzt, sprach ohne besondere Dramatik, ohne Pathos, schlicht und einfach. Inhaltlich war es eigentlich nichts Neues für mich, und doch war es zutiefst beeindruckend. Sie weckte – ich weiß nicht wie – in mir eine Sehnsucht, eine Sehnsucht nach Gott, nach Jesus Christus, nach der Ewigkeit. Und ich habe später von anderen gehört, die ähnlich empfanden. Schirinaj Dossowa ist eine konsequente Christin. Schon am Tag, nach dem sie durch einen Straßenprediger auf dem Moskauer Arbat, einer berühmten Fußgängerzone, zum Glauben an Jesus Christus fand, ging sie selbst auf die Straße und predigte. Sie predigte das Wenige, das sie wusste: Jesus Christus ist für unsere Sünden gestorben, auferstanden und wird wiederkommen.

Schirinaj Dossowa ist eine mutige Frau. Ein Bild von ihr ging um die Welt: Im August 1991 umstellten Panzer das russische Parlament, um die noch junge Demokratie im Keim zu ersticken. Eine junge Frau, eben Schirinaj, kletterte auf einen Panzer und drückte ungeachtet der Gefahr dem verdutzten Soldaten eine Bibel in die Hand.

Schirinaj Dossowa ist eine unkonventionelle Predigerin. Als sie mir einmal erzählte, wie sie muslimischen Studenten das Evangelium verkündigte, war ich verblüfft über ihre äußerst unkonventionelle jedoch wirkungsvolle Methode. Auch das können Sie in ihrem Lebensbericht nachlesen.

Schirinaj Dossowa ist eine couragierte Frau in der sie umgebenden Männerwelt. Aufgewachsen in einer großen moslemischen Familie, in der die Männer das Sagen hatten, predigte sie ungeniert das Evangelium vor Obdachlosen, angetrunkenen Soldaten und ehemaligen Generälen auf den

Moskauer Bahnhöfen und Straßen. Auch die christlichen Gemeinden in Russland sind weitgehend von Männern bestimmt, die sich noch schwer tun mit dem Gedanken, dass Gott bisweilen eine Frau in den Dienst der Verkündigung ruft und bevollmächtigt. Aber auch hier geht sie unerschrocken ihren Weg.

Es ist für uns als Missionsbund Licht im Osten eine große Ehre, diese Frau als Mitarbeiterin in unseren Reihen zu haben. Diesem Buch wünsche ich dieselbe Wirkung, wie sie von Schirinaj selbst ausgeht. Dass es in Ihnen eine tiefe Sehnsucht weckt, die Sehnsucht nach dem ewigen Frühling.

Pfarrer Martin Hirschmüller
Vorstandsvorsitzender
des Missionsbundes „Licht im Osten"

Einleitung:

Warum ich von meinem Leben erzählen möchte

> „Du hast vorzeiten die Erde gegründet, und die Himmel sind deiner Hände Werk. Sie werden vergehen, du aber bleibst; sie werden alle veralten wie ein Gewand; wie ein Kleid wirst du sie wechseln, und sie werden verwandelt werden. Du aber bleibst, wie du bist, und deine Jahre nehmen kein Ende." (Ps. 102,26-28)

In unserer Welt ist alles unbeständig und veränderlich. Erbarmungslos verstreicht die Zeit. Ein Ereignis muss dem nächsten weichen, die eine Generation geht und die nächste kommt. Es scheint, als gäbe es nichts Bleibendes, Festes, Ewiges in dieser Welt, nichts, worauf man sich verlassen und sein Leben aufbauen kann. Doch da ist noch einer, der über Raum und Zeit steht, einer, der sich nicht ändert. Dieser eine ist nicht nur über oder außerhalb unserer Welt zu finden, sondern er ist in ihr, hier und jetzt. Er ist bei einem jeden von uns, an welchem Punkt im Raum wir uns auch immer befinden, zu jeder Zeit.

Er kam in unsere Welt. Auf unbegreifliche Weise hat sich in ihm das Ewige mit dem Zeitlichen vereint. „Und das Wort wurde Fleisch und wohnte unter uns..." (Joh. 1,14). Er kam, um durch sich selbst unser unruhiges Leben zu heiligen, um unserem Leben einen neuen Wert zu verleihen, es mit neuem Inhalt zu füllen und ihm Sinn und Ziel zu geben. Nicht nur in den Evangelien erfahren wir etwas von ihm; wir können seine Gegenwart auch in unserem Leben entdecken, indem wir mit ihm sprechen, seine Werke in dieser Welt betrachten und indem wir erkennen, wie er Anteil nimmt an Arbeit, Leid und Freude der Menschen.

„Jesus Christus gestern und heute und derselbe auch in Ewigkeit" (Hebr. 13,8). Um diese Wahrheit zu bezeugen, möchte ich von meinem Schicksal erzählen und vom Schicksal derer, mit denen mich das Leben verband.

Teil 1

Ich komme aus Usbekistan

I

Emigrantenschicksal

Meine mutige russisch-orthodoxe Großmutter

Ich wurde in Usbekistan in eine große moslemische Familie hineingeboren. Mein Vater war Tadschike, meine Mutter Ukrainerin, und wir sind zehn Geschwister. Die Eltern meiner Mutter waren russisch-orthodox. Sie haben uns nichts von Christus erzählt, aber ich habe sie oft beten gesehen, besonders meine Oma. Ich erinnere mich, wie sie einmal bitterlich weinte und zu meiner Mutter sagte: „Du hast zehn Kinder bekommen, und sie werden alle keine Christen, das ist schlimm."

Meine Großeltern mütterlicherseits wurden 1941 mit meiner Mutter und ihren Geschwistern als Angehörige eines Vaterlandsverräters aus der Ukraine nach Usbekistan umgesiedelt. Der Bruder meiner Mutter, Alexander, war ein „Volksfeind". Wie Millionen zugrunde gerichteter Seelen starb auch er durch das Stalinregime.

Damals flüchteten viele aus der Ukraine nach Amerika und Kanada. Auch mein Großvater, der Vater meiner Mutter, wollte mit seiner Familie dorthin. Aber dafür hätten sie mit dem Schiff fahren müssen, und da meine Großmutter sehr krank war, fürchtete sie, sie könnte unterwegs sterben, und man würde sie ins Meer werfen und die Fische würden sie fressen. Später in Usbekistan sagte sie oft: „Ach, es wäre besser gewesen, die Fische hätten mich gefressen..."

Für die Umsiedlung nach Usbekistan verbrachten meine Vorfahren einen ganzen Monat in Viehwaggons. Schließlich wurden sie in der Steppe unter der sengenden Sonne herausgelassen, und man brachte sie in Baracken unter, die eher als Viehställe zu bezeichnen waren. Die Leute waren vom Hunger aufgedunsen und starben wie die Fliegen, meistens an Unterleibstyphus. Anfangs waren die Schildkröten in der Steppe ihre Rettung, aber schon bald waren sie alle gefangen.

Meine Oma hatte nie zuvor Schildkröten gesehen, und sie nannte sie „Schlangenköpfe". Sie konnte sich einfach nicht an sie gewöhnen, und jedes Mal, wenn man eine lebende Schildkröte in den Kochtopf warf, die dann erbärmlich ihren Kopf aus dem Panzer nach oben streckte, fiel meine Oma in Ohnmacht. Überall erschienen ihr Schildkröten. Als sie einmal eine kleine Ikone mit der Muttergottes hervorholte, um zu beten, hatte sie den Eindruck, dass aus diesem Bild eine Schildkröte schaut. Seitdem weigerte sie sich strikt, Schildkrötenfleisch zu essen. Zu dieser Zeit gab es auch kaum Wasser, was zum Ausbruch einer Seuche führte.

Meine Großmutter entschloss sich, zu flüchten und mit ihrem jüngsten Sohn Fjodor in ihre „Heimat, die Ukraine, das süße Land", zurückzukehren, denn dort hatte sie noch drei Kinder zurückgelassen. Aber dann wurde sie in diesem „süßen Land" festgenommen und nach Krasnojarsk ins Gefängnis gebracht. Von dort konnte sie wieder flüchten. Sie versteckte sich und gelangte nachts mit dem kleinen Fjodor bis zur Bahnstation. Nach eineinhalb Monaten gelang es ihr wie durch ein Wunder, zu ihrer Familie nach Usbekistan zurückzukehren.

Um zu überleben, verkauften sie dann alles, was sie nur konnten. Meine damals zwanzigjährige Mutter tauschte alle ihre schönen Kleider, an die sie später noch oft dachte, gegen Brot ein. Sie erinnerte sich später immer wieder an das, was sie sich damals schwor: „Wenn ich nur ein kleines Stückchen hartes Schwarzbrot habe, werde ich nie sagen, ich habe Hunger."

Zu jener Zeit gab es in Usbekistan viele Kriegsgefangene: Deutsche, Italiener, Japaner... Sie waren genauso heruntergekommen und ausgehungert wie wir, aber zudem wurden sie noch geschlagen, als wären sie Tiere. Damals starben diese Menschen in Massen. Als die Kriegsgefangenentransporte kamen, gab man den Leuten gesalzenen Fisch zu essen. Danach stürzten sie sich auf jede Pfütze, die nur einen Tropfen Wasser enthielt. Viele sind dann nicht mehr aufgestanden, sie kippten einfach um und starben. Die Leichen warf man in eine Grube. Als nach Stalins Tod bekannt wurde, dass eine Kommission für Recherchen aus Moskau kommen sollte, wurden eine ganze Nacht lang auf einem riesigen Feld Kreuze aufgestellt, um den Eindruck zu erwecken, man habe die Gefangenen einzeln begraben und für jeden sogar ein Kreuz aufgestellt.

Mein Onkel erzählte, dass er einmal einen großen, hügeligen Acker pflügen musste, der anschließend mit Menschenschädeln übersät war, die wie Melonen auf dem Feld lagen.

Als man die Kriegsgefangenen einmal in der Kolonne über ein Feld zur Arbeit trieb, bückte sich ein Gefangener, um eine kleine Tomate zu pflücken. Da wurde er sofort erschossen. Meine Mutter hat diese Tomate, wegen der so kaltblütig ein Mensch ermordet wurde, ihr Leben lang nicht vergessen können.

Großvater, der starke Menschenfreund

Meine Mutter wuchs in einer Familie auf, in der den Kindern ein besonderes Empfinden für den Wert menschlichen Lebens anerzogen wurde. Mutters Vater, Stepan Sidorowitsch, der drei Kriege miterlebte und zur Zarenzeit mit dem Georgij-Kreuz[1] ausgezeichnet wurde, freute sich immer über das Wichtigste in seinem Leben: dass er in diesen drei Kriegen keinen einzigen Menschen getötet hatte. Das Georgij-Kreuz erhielt er dafür, dass er als Erster zu den Österreichern in den Schützengraben sprang, woraufhin die Österreicher vor Schreck und ohne einen Schuss abzugeben die Hände hoben. Dieses Kreuz brachte meinem Großvater drei Rubel pro Monat ein, und dafür konnte man sich eine gute Kuh kaufen.

Mein Großvater war ein sehr kräftiger Mann, ihn übertraf niemand, weder im eigenen Dorf, noch in den Nachbardörfern. Als im Rahmen eines Kulturprogrammes Ringkämpfer an die vorderste Frontlinie kamen und der stärkste von ihnen den Soldaten vorschlug, mit ihm zu ringen, meldete sich niemand, nur mein Großvater, der sich später erinnerte: „Ich habe ihn so gedrückt, dass er erbärmlich anfing zu quieken: ‚Lass mich los, Junge!'"

Einmal während der Partisanenausfälle stieß mein Großvater auf einen österreichischen Soldaten. Instinktiv legten beide sofort die Hand ans Gewehr. Doch dann zog mein Großvater hastig ein Brot aus seinem Rucksack und streckte es dem Österreicher hin, der daraufhin ein Stück Speck aus seinem Sack hol-

[1] Der Orden des heiligen Georgij wurde 1769 in Russland zur Auszeichnung von Offizieren und Generälen und 1807 zur Auszeichnung von Soldaten und Unteroffizieren für militärische Verdienste verliehen.

te. Sie setzten sich unter einen Baum, aßen gemeinsam Brot mit Speck, und dann sagte mein Großvater: „So, jetzt musst du dorthin gehen und ich in diese Richtung." So verabschiedeten sie sich und gingen in verschiedene Himmelsrichtungen.

Ein anderes Mal, als mein Großvater vor einem Lager Wache stehen musste, kroch ein feindlicher Soldat heran und warf eine Granate auf ihn. Die Granate explodierte nicht. Mein Großvater rief dem zu Tode erschreckten Soldaten zu: „Lauf! Schnell, lauf weg!" und schoss zweimal in die Luft. Als im Nahkampf unter Hurra-Geschrei alle dem Feind entgegenstürmten, lief mein Großvater auch mit, aber er zielte immer nach oben. „Wie gut, dass ich niemanden getötet habe! Es sind doch alles Menschen! Wenn man selbst sterben muss – was wird man dann tun, wenn man einen fremden Menschen umgebracht hat?", sagte unser Großvater oft.

Wir Kinder sind damals mit dem Film „Tschapajew"[2] groß geworden, in dem der Bürgerkriegsheld Wassilij Iwanowitsch allen nacheinander mit seinem Säbel die Köpfe abschlägt, und wir schämten uns, dass unser Großvater im Krieg niemanden getötet hatte. Wir hielten ihn für einen Feigling, lachten ihn aus und verspotteten ihn. Wir versuchten ihm klarzumachen: „Opa, das ist doch solch eine Schande, und du rühmst dich noch damit. Erzähl wenigstens niemandem davon, sonst machen sie sich in der Schule noch über uns lustig."

Heute würde ich mich vor meinem tapferen Großvater, der andere verschonte und dabei sein eigenes Leben riskierte, tief verbeugen.

Mein Großvater war ein Soldat, der in den Krieg einberufen wurde, um Menschen zu töten, aber offensichtlich hatte er die Gebote Jesu Christi tief verinnerlicht. Wenn alle Menschen so kämpfen würden wie er, gäbe es keine Kriege auf der Welt. Ich glaube, dass Gott gerade deshalb meinen Opa am Leben erhielt und seine Familie segnete. Seine Frau und die fünf Kinder, die mit ihm in die Hungersteppe und in den sicheren Tod geschickt wurden, haben überlebt. Damals gab es kaum eine Familie, in

---

[2] Wassilij Iwanowitsch Tschapajew (1887-1919), Kämpfer im Bürgerkrieg, war seit 1917 Mitglied der KPdSU. Legendäre Person der sowjetischen Propaganda.

der nicht ein Kind gestorben wäre, in manchen Familien starben sogar drei oder vier Kinder, eins nach dem anderen.

Mein Großvater sprach nicht viel über seinen Glauben. Er war gern allein. Aber wir sahen ihn oft, wie er Silbe für Silbe die große, viel benutzte Bibel las. Mein Opa hatte kein leichtes Leben! Überall ist er gewesen, sogar in Sibirien in der Verbannung, wohin ihn die „verdammten Sowjets" nur schickten, weil er Dorfältester war. Wenn mein Vater Stalin lobte, spuckte mein Opa unverhohlen auf den Boden und sagte, dass „für ein Stalinportrait selbst in der Toilette kein Platz" sei. Mein Großvater wurde 84 Jahre alt. Bevor er in seinem eigenen Bett starb, richtete er sich ein wenig auf und sagte: „In der Tür stehen Könige, die wollen mich abholen." Danach schlief er ein.

Unser Dorf – Leidensgemeinschaft der Emigranten

Ich wuchs in einem Dorf auf, in dem sehr viele Emigranten lebten: Ukrainer, Deutsche, Russen, Finnen, Koreaner, Aserbaidschaner, Bulgaren, Krimtataren, Esten, Tschetschenen, Griechen, Karatschaier und Juden. Sogar einen Chinesen gab es dort, dem die Dorfbewohner den russischen Namen Wolodja verliehen. In China war er Schiffskapitän gewesen, aber hier hatte er Mühe, überhaupt zu überleben. Er bat die Traktorfahrer oft um etwas Petroleum, das er trank mit dem Kommentar: „Ihr habt ja keine Ahnung, Petroleum hilft gegen alle Krankheiten."

Außerdem erinnere ich mich an Opa Abdulla, einen Karatschaier, den die Kinder sehr mochten. Sie gingen oft zu ihm, um seine außergewöhnlich schönen Tauben mit den samtweichen Füßchen anzuschauen. Er lebte in einem Fünf-Quadratmeter-Zimmer, in dem die reine Erde als Fußboden diente. Die ganze Einrichtung bestand aus einem Eisenbett, einem Tisch und einem großen Holzfass, in dem er sich Milch säuerte. In der Nähe unseres Dorfes gab es überall große Tadschikensiedlungen. Wahrscheinlich habe ich deshalb eine Abneigung gegen jede Form von Nationalismus, weil ich unter Menschen ganz unterschiedlicher Nationalität aufwuchs.

Man muss schon sagen, dass bei uns nicht nur einfache Emigranten lebten, sondern die besten Menschen im Land. Sie waren sehr gewissenhafte und fleißige Leute. Es gab eine ganze

Reihe bekannter Persönlichkeiten unter ihnen, aber damals interessierte das niemanden. Viele von ihnen blieben anonym. Im Nachbardorf zum Beispiel arbeitete ein sehr begabter Pianist namens Rudolf Adolfowitsch Kehrer, ein ehemaliger Dozent am Moskauer Konservatorium. Er spielte Klavier im Film „Appassionata“. Dort gibt es eine Szene, wie Lenin in die Wohnung Gorkijs kommt, wo er die „Appassionata“, gespielt von Kehrer, hört und die Aufführung lobt. Bei uns stampfte der arme Kehrer Lehm und stellte Ziegel her. Die Alteingesessenen erinnern sich noch, wie sich die sonderbaren Emigranten nach der schweren Arbeit um ein altes Radio versammelten und ebenso seltsame „schleppende“ Musik hörten, meist Klassik oder Opernmusik.

Die Arbeit war kräftezehrend: Bei 30 bis 40 Grad im Schatten Baumwolle zu pflücken, war keine Kleinigkeit, wenn man zuerst das ganze Feld überqueren musste, um zum einzigen rostigen Wasserfass zu kommen, dessen Trinkwasser von der Sonne schon heiß geworden war.

In der kleinen Siebenklassenschule unseres Dorfes unterrichtete eine sehr gute Lehrerin: Jelisawjeta Rudolfowna, die aus einer adligen Familie stammte und drei Fremdsprachen fließend beherrschte. In Moskau hatte sie am Fremdspracheninstitut gearbeitet und Deutsch und Französisch unterrichtet, doch auch an ihr fand man Missfallen und schickte sie zu uns.

Wo sind wohl alle diese Menschen heute? „Manche gibt es schon nicht mehr, andere sind weit weg“ (Puschkin). Nach der Perestrojka sind sie zu Tausenden nach Deutschland, Russland und wer weiß wohin ausgereist. Es waren die Emigranten, die mit ihren Gebeten „die Erde pflügten“ und sie für die Verkündigung des Evangeliums vorbereiteten. Ich erlebe, wie sich heute viele Einheimische – Tadschiken, Usbeken, Kasachen, Karakalpaken und Kirgisen – zum christlichen Glauben bekehren und Jesus Christus als ihren persönlichen Retter annehmen.

Blumen für die Toten des Badehauses

Inzwischen gibt es nur noch wenige Emigrantenfamilien in unserem Dorf, und die sind, völlig hilflos und von allen verlassen, der Willkür des Schicksals ausgesetzt. Die alleinstehende fünfundsiebzigjährige Maria pflegt ihre hundertjährige gelähmte Mutter und klagt die ganze Zeit über Brennholz: Wo soll sie es hernehmen? Sie muss doch heizen und die Windeln ihrer Mutter trocknen.

Oma Lena, ebenfalls Mitte siebzig, lebt und müht sich mit ihrer vierzigjährigen geisteskranken Tochter Nadja ab, die meistens auf der Erde sitzt, etwas vor sich hin brummelt, lacht und sich Sand auf den Kopf streut.

Unsere Nachbarin, die Finnin Edi, früher Leiterin des Kindergartens, wurde nach der Perestrojka arbeitslos. Sie bekommt keine Rente, und ihre einzige Rettung, um zu überleben, war ihre Kuh. Doch die wurde krank und verendete. Noch nie habe ich jemanden so trauern gesehen; es war, als wäre Edis einziges Kind gestorben.

Die Häuser der weggezogenen Dorfbewohner werden jetzt von Kasachen, die aus Tadschikistan flüchteten, bewohnt. Das Dorf hat sich vollkommen verändert, denn die Kasachen haben eine ganz andere Lebensweise. Sie leben in Jurten in der Steppe und haben Pferdeherden. Aus Gründen der Sparsamkeit wurde im Dorf Licht und Gas abgeschaltet, und die Leute fällen die Bäume, um Brennholz zu haben. So bietet das Dorf, das einmal sehr grün und voller Blumen war, heute ein trauriges Bild: Die Bäume fehlen, es gibt keine Wege, nur Schlaglöcher und Dreck. Aber das Schlimmste ist, dass alle Gebäude der Dorfgemeinschaft zerstört sind: die Kinderkrippe, die Dorfverwaltung, der Kindergarten und das große, zweistöckige Klubhaus mit der Bibliothek. Diese Einrichtungen wurden ausgeraubt; die Ziegelsteine, Tür- und Fensterrahmen hat man mitgenommen, und der Schiefer von den Dächern wurde geklaut.

Inmitten dieser Verwahrlosung ist allein das öffentliche Badehaus unversehrt geblieben, das aus Karelien verbannte Finnen 1937 erbauten. Es heißt, das Badehaus kann nie zerstört werden, seine Steine stehen für immer und ewig und sind nicht vom Fleck zu bewegen, selbst wenn man es sprengen würde. Es ist eben ein alter Bau.

Ich glaube, dass das Badehaus noch aus einem anderen Grund nicht ausgeraubt werden kann. Es ist wie ein Denkmal, das mit seiner schweigenden Gegenwart an die schreckliche Tragödie erinnert, die seine Wände miterlebten. Einmal pro Woche wurden die Kriegsgefangenen zum Waschen ins Badehaus gefahren. Nur ein Teil von ihnen kam wieder auf eigenen Beinen heraus, die anderen wurden herausgetragen und auf einem Wagen gestapelt. Da sie sehr geschwächt waren, konnten die Gefangenen das heiße Bad nicht verkraften und starben dabei. Später fuhr der Wagen an den Dorfrand, und dort wurden die Leichen in ein großes Loch geworfen.

Die alten Leute erzählen nicht davon; sie denken, dass sich junge Leute von heute nur für Geld interessieren. Als ich beim Schreiben dieses Buches über das nachdachte, was in meiner Heimat geschehen ist, verspürte ich einen inneren Drang, zusammen mit den Dorfbewohnern an diesem Ort zu beten und Gott um Vergebung zu bitten. Vielleicht verändert sich dadurch unser Leben und auch unser Dorf.

Ich ging zu meinem Bruder, pflückte einen großen Strauß Narzissen und sprach die auf der Straße spielenden Kinder an: „Wer mit mir Blumen am Badehaus niederlegen will, kann mitkommen!" Die Kinder fragten mich: „Für wen sollen denn dort Blumen niedergelegt werden, da ist doch nur ein Schutthaufen!" „Kommt mit, dann wer,det ihr schon sehen", sagte ich. Eine ganze Horde, vierzig bis fünfzig Kinder ganz unterschiedlichen Alters, kamen zusammen, und schließlich schlossen sich auch Erwachsene unserem Zug an.

Die Kinder machten bei dem, was sie hörten, ganz große, erstaunte Augen. Ein paar Jungen liefen nach Hause und brachten noch Tulpen, um sie an der Mauer des Badehauses niederzulegen. Wir beteten, und danach verteilte ich Süßigkeiten, die wir dort aßen, um der Verstorbenen zu gedenken.[3] Mir schien, die Kinder sind in dieser Zeit ein Stückchen erwachsener geworden.

Nach offiziellen Angaben sind in unserer Region während der Repressalien der Stalinzeit zwei Millionen Menschen umgekommen; zu den Gefangenen gibt es keine statistischen Angaben, die wurden nicht gezählt.

---

[3] Nach russischem Brauch nimmt man zum Gedenken an die Toten einen Leichenschmaus direkt an den Gräbern auf den Friedhöfen ein.

Die Berichte von den Heldentaten auf dem schrecklichen Schlachtfeld
begeistern mich nicht und rühren mich nicht.
Ich sende innige Gebete zum Himmel,
dass die Herzen der Bösen mit Liebe erfüllt werden mögen,

dass die Tage des Bangens und der Gewalt vorübergehen,
dass alle Völker ihre Feindschaft und ihren Hass
begraben, sich gehorsam unter die edle Lehre Christi beugen
und sich zu einer Familie vereinigen.

(A. N. Pleschtschejew)

2

Eine raue Kindheit

Beschwingt, festlich, fleißig – meine Mutter

Unsere Mutter – Gott hab sie selig! – war ein Mensch mit großem Herzen. Ich denke, es war Gottes Plan, dass sie die erste Missionarin im Nachkriegs-Usbekistan sein sollte, auch wenn sie selbst nie auf solch einen Gedanken gekommen wäre. Sie sprach nie von Jesus Christus, doch ist es ihr zu verdanken, dass alle Tadschiken in unserem Dorf die zwei wichtigsten christlichen Feste, Weihnachten und Ostern, kannten.

Unsere Mutter bereitete sich immer lange auf diese Feste vor: Sie weißte das Haus, begann schon am Frühlingsanfang, Hühnereier für Ostern zu sammeln und backte sehr viel. Ich erinnere mich, dass sie eine Woche vor dem Fest kaum eine Nacht durchschlief und mehrere große Töpfe mit kleinen Osterüberraschungen vorbereitete. Nach einer schlaflosen Nacht ging sie morgens zur Arbeit aufs Feld. Besonders schwer fiel es ihr in der Baumwollernte, denn eine Tagesnorm betrug sechzig bis achtzig Kilo, und dabei musste sie dreimal am Tag in die Kinderkrippe gehen, um ihre Kleinkinder zu stillen. Wir waren zehn Kinder, darunter drei Zwillingspaare. Damals gab es den Befehl: „Alle müssen arbeiten!" Nicht einmal für Mütter von Kleinkindern gab es eine Ausnahme: Zwei Wochen nach der Entbindung wurden die Mütter wieder aufs Feld geschickt, und die Babys nahm man in die Kinderkrippe auf.

Wenn meine Mutter abends von der Arbeit nach Hause kam, wusste sie nicht, was sie zuerst tun sollte: Das Vieh im Stall musste gefüttert und gemolken werden, im Garten musste gepflanzt und begossen werden, Decken mussten genäht werden, und die Kinder sollten saubere Kleider haben und brauchten etwas zu essen. Nachts strickte sie immer Socken und reinigte Baumwolle für Decken. Obwohl sie ganz ungebildet war, sprach sie uns oft Gedichte vor, besonders von Taras Schewtschenko[4].

---

[4] Ukrainischer Dichter und Maler, 1814-1861, Leibeigener, der 1838 freigekauft wurde.

Sie liebte diesen Dichter, denn er war Vollwaise und Leibeigener.

Unsere Mutter mochte Blumen sehr gerne, besonders Rosen und Bodendecker. Dieser wuchs sogar auf der Straße neben unserem Haus. Mutter pflanzte ihn jedes Jahr, damit die Leute, die auf der Straße am Haus vorbeigingen, sich über die Blumen freuten. Unsere Mutter tat alles ganz beschwingt, sie war immer nur am Laufen.

Wenn unser Vater von der Arbeit nach Hause kam – er war Brigadeleiter –, lief sie ihm auch noch entgegen. Sie zog ihm die Stiefel aus, legte ihm ein Sitzkissen unter die Seite und brachte ihm Tee. Vater half ihr nicht im Haushalt, denn das ist in moslemischen Familien nicht üblich. Im Haus hängt alles an den Frauen, darum brauchte Mutter auch die Nächte, um sich auf Ostern vorzubereiten. Als das Fest dann da war, kamen alle Tadschiken unseres Kreises zu uns nach Hause, und unsere müde, aber glückliche Mutter verteilte an alle Brötchen und gefärbte Eier.

Darin bestand das Zeugnis ihres Glaubens, und sie tat dies mit aller Hingabe und weil ihr Herz sie dazu bewegte. Noch heute erinnern sich alle im Dorf mit tiefer Dankbarkeit an sie. Am Anfang kamen die Verwandten meines Vaters mit Äxten und Mistgabeln, um meine Mutter umzubringen, weil sie eine „Russin“ war. Sie wollten nicht, dass sie die Frau eines Tadschiken würde. Aber mit der Zeit änderten alle ihre Meinung über sie. Der Vater meines Vaters war ein gutmütiger Mensch. Er war gerne bei uns und sagte immer, dass seine beste Schwiegertochter „die Russin“ sei. Sie war so von dem Geist des Volkes durchdrungen, unter dem sie lebte, dass sie äußerlich fast wie eine Tadschikin aussah.

Meine Mutter wurde 64 Jahre alt. Sie starb an Krebs. Sie musste sich lange quälen und hatte einen schweren Tod, so wie ihr ganzes Leben schwer war. Zwei Jahre lang hatte sie nach einer Operation, bei der man ihr den Unterkiefer, die halbe Zunge, eine Hälfte des Kehlkopfes und einen Teil der Wange entfernte, so starke Schmerzen, dass sie schreien musste. Die Schmerzmittel halfen nicht. Ihr Jammern war so schlimm, dass man eine Gänsehaut bekam und alle das Zimmer verließen. Sie heulte nicht wie Menschen oder Tiere heulen, sondern es war das Heulen irgendeines furchtbar gequälten Wesens. Mein Bruder hat einmal gesagt, während er weinend am Bett meiner Mutter saß: „Es gibt keinen Gott! Wo ist Gott, wenn unsere Mutter so leiden muss?" Das Sprechen fiel ihr schwer, so antwortete sie ihm nur kurz: „Sag so etwas nie wieder. Es gibt einen Gott!"

Unsere Mutter sehnte sich sehr nach dem Tod, sie erwartete ihn, wie man auf ein Fest wartet. Wenn sie erfuhr, dass jemand im Dorf gestorben war, verbarg sie ihren Neid nicht, und auf ihrem Gesicht war die unausgesprochene Frage zu lesen: „Warum konnte ich das noch nicht sein?" Damals verstand ich, dass der Tod wirklich eine Freude sein kann, dass er Erlösung und sogar Glück bedeuten kann.

Ich pflegte meine Mutter und ließ mich auf der Arbeit beurlauben. Zuerst war ich mit ihr zusammen in Taschkent im Krankenhaus und später im Krebszentrum in Moskau, wo wir mit großer Mühe dank ihres kleinen, weinroten Büchleins mit der Aufschrift „Heldenmutter" einen Platz für sie bekamen. Doch einen Monat vor ihrem Tod, als sie schon wieder in Usbekistan war, hatte ich mich durch den chronischen Schlafmangel überanstrengt und fuhr nach Moskau zurück. – Verzeih mir, Mutter. – Ich fühle mich schuldig, auch wenn ausreichend für sie gesorgt wurde.

Die Brüder wohnten in der Nähe; ein Bruder war, als Mutter krank wurde, sogar mit seiner ganzen Familie aus einer anderen Stadt zu ihr gezogen, um sie zu pflegen. Seine Frau Katja, der wir alle zu tiefem Dank verpflichtet sind, diente meiner Mutter bis zum letzten Atemzug.

Ich war fünf Tage vor Mutters Tod aus Moskau angereist, als sie schon ganz ruhig und erleuchtet dalag, mit einer spitzen Nase und außergewöhnlichen, verliebt guckenden Augen. Ich sagte ihr das, worauf sie schon lange gewartet hatte, wonach sie sich am meisten sehnte: „Mutti, du stirbst..." Sie nickte lächelnd. „Weißt du jetzt, warum du so leiden musstest, Mutti?", fragte ich sie. Sie nickte wieder. Ich interessierte mich damals für die östlichen Religionen und glaubte an Reinkarnation. Ich sagte: „Wir werden uns ganz bestimmt wiedersehen, Mutti, aber erst, wenn du auf die Erde zurückkehrst, um nie wieder so leiden zu müssen." Sie lächelte und nickte wieder mit dem Kopf.

Wir konnten nicht verstehen, warum sie nicht starb, hatte

sie doch schon fast keinen Atem mehr. Wegen schlechten Wetters reiste ihre Schwester aus der Ukraine vier Tage später an als geplant. Als sie das Zimmer betrat, streckte meine Mutter ihr sofort die Hand hin, und zehn Minuten später starb sie. Beerdigt wurde sie nach moslemischer Tradition, und alle Tadschiken kamen zu ihrer Trauerfeier.

Verleumdet, verschleppt, voller Leid – auch meine Mutter

Wenn ich heute zurückblicke und über das Leben und den Tod meiner Mutter nachdenke, komme ich zu dem Schluss, dass unsere Mutter eine wirklich fromme Frau gewesen ist. Ich habe nie einen Menschen kennen gelernt, der so demütig, bescheiden und aufopfernd gewesen wäre wie meine Mutter. Das sage ich nicht nur als Tochter, die ihre Mutter natürlich sehr liebt, sondern diese Eigenschaften an ihr können auch die Dorfbewohner bestätigen, die dann meistens noch hinzufügen: „Eure Mutter war eine sehr gute, kluge und stille Frau."

Durch das schwere und leidvolle Leben ist ihre Seele geheiligt worden. Als sie noch in der Ukraine lebte, rächte sich der frühere Nachbar meiner Mutter an ihr, weil sie nicht ihn, sondern einen anderen heiraten wollte. Er schrieb an die Behörden, ihr Bruder Alexander sei ein Volksfeind. Das hört sich wie eine banale Geschichte an: Jemand liebt eine Person, die seine Gefühle nicht erwidert; doch hatte sie ein tragisches Ende. Diese Verleumdung brachte Leid über die ganze Familie. Drei Monate später, als meine Mutter und ihre Familie schon in Usbekistan waren, wurde dieser Nachbar in seinem Haus ermordet. Er hatte offenbar noch jemanden denunziert, und daraufhin hatte man kurzerhand mit ihm abgerechnet. Man sagt in solchen Fällen: „Gott zeichnet den Schurken."

Als Mutters damaliger Freund, der einzige Sohn seiner Eltern, erfuhr, dass sie ausgewiesen werden soll, entschied er sich, mit ihr zusammen in die Verbannung zu gehen, aber seine Mutter ließ ihn nicht ziehen, denn sie fürchtete, ihr Sohn würde in der Steppe sterben. Ein Jahr später fiel er im Krieg. Seine Mutter raufte sich die Haare, als sie erfuhr, dass die Braut seines Sohnes am Leben geblieben war. Wenn unsere Mutter allein war, sang sie unter Tränen oft ein Lied, das ihr Verlobter ihr vorgesungen hatte:

Die Sonne steht tief, der Abend ist nah.
Ich eile zu dir, ich fliege zu dir,
meine Herzallerliebste.
...
Ach, wenn ich herausgehe, treffe ich dich nicht.
Ich falte die Hände, die weißen,
denn bald werde ich sterben.

Als wir Kinder klein waren und unsere Mutter noch jung, sagte sie oft: „Wenn ich nur so lange lebe, bis unser Boris (der Jüngste von uns Kindern) zur Armee kommt; entlassen werden kann er dann schon ohne mich." So kam es auch: Boris war gerade bei der Armee, als Mutter starb. Zur Beerdigung wurde er vom Dienst befreit, aber er kam nicht rechtzeitig, denn nach moslemischem Brauch werden die Verstorbenen am selben Tag, noch vor Sonnenuntergang beerdigt. Noch aus meiner Kindheit weiß ich, dass meine Mutter immer in der Nähe der Straße liegen wollte. Als man ihr Grab neben den Grabstätten der Verwandten mitten auf dem Friedhof ausheben wollte, stellte man fest, dass es dort sehr feucht war, denn der Platz lag in einer Senke. So musste ihr Grab an eine höhere Stelle neben der Landstraße verlegt werden.

Später erinnerten wir uns an ihre vorausblickenden Worte. Geht man von der Stadt aus auf dieser Straße Richtung Friedhof, kommt man an einem belebten Marktplatz vorbei, auf dem ein reges Treiben herrscht, wo alle auf ihre Taschen achten, um ja nicht bestohlen zu werden, wo lautstark gehandelt, gerufen und gelacht wird, wie es typisch ist für einen östlichen Basar. Aber wechselt man auf die rechte Straßenseite und geht ein Stückchen weiter, kommt man zu dem stillen Friedhof. Nur ein krummer Draht hält die beiden Flügel des Eisentores zusammen, das den Friedhof von den Schafen trennt, damit sie ihn nicht zertreten.

Wenn ich an dieser mystischen Stelle „zwischen Leben und Tod" stehe, denke ich immer das Gleiche: Wo ist das wahre Leben, links oder rechts? Diejenigen, die jetzt still rechts von mir liegen, waren vor gar nicht langer Zeit noch links, auf diesem lauten Markt, und sie brauchten noch genauso viele Dinge zum Leben wie wir heute. Aber jetzt brauchen sie nichts mehr, nur ein kleines Stückchen Draht. Ich denke dann immer, dass sich links nur irgendein Theater abspielt und dass man dort Leben spielt, aber rechts ist die nicht zu verleugnende Wahrheit. „Betrachte das Leben mit Gedanken an den Tod und den Tod mit Gedanken an das Leben", so lehrten die Starzen[5]. Unsere Mutter liegt nun direkt an der Straße, und es ist, als wollte sie uns an diese Worte erinnern.

Alles Asche, Gespenst, Schatten und Rauch,
alles verschwindet wie ein Wirbel aus Staub,
und wir stehen dem Tod gegenüber
und sind wehrlos und hilflos.

Brüder, wo ist das Silber, das Gold?
Wo sind die unendlich vielen Sklaven?
Wer ist reich und wer ist arm
inmitten der unbekannten Gräber?

Alles Asche, Rauch und Staub,
alles Gespenst, Schatten und Spuk.
Nur bei dir im Himmel, o Herr,
ist der Hafen, ist die Rettung!
(A. K. Tolstoj)

Grober, unbarmherziger Antreiber – mein Vater

Unser Vater war im Gegensatz zu unserer Mutter ein grober und unbeugsamer Mensch. In meine Erinnerung hat sich aus jüngster Kindheit folgendes Bild eingeprägt: Unsere kleine Mutter trägt auf ihrem Kopf einen Sack Zwiebeln vom Geschäft nach Hause, und der starke, kräftige Vater geht gemütlich mit hinter dem Rücken verschränkten Armen hinter ihr her. Allerdings braucht

---

[5] Starez, russisch „der Alte": Mönch in den Ostkirchen, der in Askese und Kontemplation lebt und für jüngere Mönche und weltliche Personen als Beichtvater dienen kann.

man sich hierüber nicht zu wundern, denn diese Rollenverteilung schreibt die moslemische Tradition für Eheleute vor.

Einmal war unsere Mutter ziemlich krank. Sie hatte so schlimme Rückenschmerzen, dass sie sich nicht bewegen konnte und mit heißem Sand und einem Bügeleisen auf dem Rücken auf dem Fußboden lag. Als unser Vater ins Zimmer kam und sie so daliegen sah, sagte er: „Na, ruhst du dich aus?", und ging unzufrieden hinaus. Nach der sunnitischen Lehre soll die Frau in der Familie ständig mit Arbeit beschäftigt sein.

Unser Vater hatte eine Arbeitsmanie. Er spannte uns alle ein, wo er nur konnte. Wir waren ständig dabei, Mais oder Baumwolle zu putzen; wir versorgten das Vieh, hüteten Schafe und mussten immer irgendetwas graben oder schleppen. Wir arbeiteten wie die Ameisen. Doch am meisten Mitleid empfinde ich heute noch, wenn ich daran denke, wie meine damals jugendlichen Brüder die ganze Nacht hindurch Klee mähen mussten, obwohl es den ganz billig zu kaufen gab. Aber so ist es bei den einheimischen Tadschiken üblich: Nachts wird Klee gemäht. Um drei oder vier Uhr morgens fuhren sie ihn auf einem Wagen nach Hause, weckten meine Mutter und uns Schwestern, und wir luden ihn gemeinsam ab.

Unser Vater stand morgens meistens früh auf. Dann begann er, alle zu wecken und rief: „Wie lange wollt ihr noch schlafen, es ist schon bald Mittag!" – In unserem Haus war es oft kalt, besonders im Winter. So verkrochen wir uns noch verschlafen in den Ecken und froren, bis es Zeit war, in die Schule zu gehen.

Unser Vater stellte uns Kinder oft mit nackten Knien auf den Mais, um uns zu bestrafen, manchmal nur wegen Kleinigkeiten. Einmal plauderte ich mit den Mädchen aus der Nachbarschaft. Da rief mich mein Vater, gab mir vor den Augen der anderen eine gehörige Ohrfeige und sagte: „Geh nach Hause, du hast zu arbeiten!" Ich war damals zehn oder elf Jahre alt. Ich weiß nicht, warum, aber ohne danach gefragt zu werden, erklärte ich den Mädchen später immer wieder, mein Vater habe mich zu sich gerufen, mir die Wange gestreichelt und gesagt: „Geh jetzt lieber nach Hause, meine Tochter, und mach Hausaufgaben."

Die älteren Geschwister haben mehr abbekommen als wir jüngeren, besonders die sieben Brüder. Unser Vater „brachte ihnen

Vernunft bei", indem er ihnen befahl, selbst den Stock zu holen, mit dem sie anschließend verprügelt wurden. Wir haben so viele Stöcke ausprobiert, dass wir am Ende genau wussten, welcher am wenigsten wehtat. Dann verrieten wir einander, wie man den richtigen Stock aussucht. Er durfte nicht wie eine Gerte sein, sonst würde nach der Tracht Prügel der ganze Körper brennen, außerdem sollte man mit den Zähnen die kleinen Astansätze herausbeißen, denn die konnten die Haut so verletzen, dass es blutete.

Einmal angelten meine Brüder in einem zugewachsenen Bewässerungsgraben. Sie taten es heimlich, damit unser Vater es nicht erfuhr, denn er hielt solche Beschäftigungen für unnütz. Doch als er auf dem Esel vorbeiritt, sah er die Jungen zufällig im Schilf stehen. Er rief: „Zu Hause zeige ich euch heute Abend, was ein Fisch ist!" In welcher Stimmung die Jungen an diesem Tag nach Hause gingen, kann man sich ja vorstellen.

Unser Vater spielte gern Domino, aber am meisten konnte er sich fürs Kartenspielen begeistern. Kein Wunder, dass später fast alle seiner Söhne eine Vorliebe für diese Beschäftigung entwickelten.

Leider haben einige von uns Kindern auch den rauen Umgang mit ihren eigenen Kindern von ihm übernommen. Mein Neffe erzählte mir kürzlich, sein Vater, mein ältester Bruder, habe ihn nackt auf den Schnee gelegt, weil er ungehorsam war; ein anderes Mal habe er ihn im Stall am Bein angekettet. Gerade dieser Bruder hat vor vierzig Jahren etwas Ähnliches erlebt: Er hatte etwas angestellt, und dafür zwang ihn unser Vater, sich auszuziehen und sich nackt auf den Schnee zu legen. Die Mutter unseres Vaters hatte ihren Enkel (meinen Bruder) zur Strafe einmal mit einer Kette ums Bein am Eselpfahl befestigt. Es ist erstaunlich, wie exakt das Gute ebenso wie das Böse in der nächsten Generation wiederkommt. Beides bleibt im Gedächtnis lebendig und kommt zu einer bestimmten Zeit zum Vorschein.

Der kann uns Tugend lehren,
der uns mit guten Taten lehrt...

... Das eigene Beispiel wirkt an jungen Herzen
viel stärker als die schönen Worte.
(W. A. Schukowskij)

Unsere Mutter konnte es sich nicht erlauben, ihren Mann zu fragen: „Wo warst du?“ Unser Vater flößte einem ein derartiges Zittern ein, dass es einem überhaupt nicht in den Sinn kam, eine solche Frage zu stellen. Er betrog unsere Mutter, darunter litt sie sehr, und sie weinte oft. Aber die Männer des Ostens sind auf so etwas besonders stolz. Ich bat meine Oma einmal, zu erzählen, wie es war, als meine Eltern heirateten, und was für eine Hochzeit sie hatten. Meine Oma lachte daraufhin bitter und sagte nur kurz: „Ihr könnt eure Mutter bemitleiden, sie hat schon viel zu ertragen gehabt!“

Einmal brachte unsere Mutter uns vom Markt Masken mit, wie man sie bei uns an Silvester trägt. Das war vielleicht eine Freude! Wir schrien nur so vor Glück und vergaßen ganz, dass im Nebenzimmer unser Vater schlief. Wenn er da war, herrschte gewöhnlich Stille im Hause, so dass man eine Fliege vorbeifliegen hörte. Als unser Vater aufwachte, riss er allen die Masken vom Gesicht, und dann bekamen wir Kinder und unsere Mutter ordentlich etwas ab.

Nach diesem Vorfall konnten wir uns nicht mehr über die Masken freuen, uns tat nur noch unsere Mutter Leid. Sie unterdrückte ihre Tränen, aber im kleinen Zimmer weinte sie dann lange. Unser Vater setzte sich auf die Türschwelle an der Haustür und sagte zu sich selbst: „Schade, warum habe ich das getan?“ Meine Schwester hörte das und erzählte es unserer Mutter. Die Arme war darüber so glücklich, dass sie immer wieder nachfragte: „Hat er das wirklich gesagt? Sag noch einmal, was er gesagt hat.“

Die bunten Haarschleifen von Larissa Ponomarjowa

Wir Kinder hatten kein Spielzeug. Für die Jungen war das einzige Spielzeug ein „Ljanga“: ein Stück Blei, das an einem Schaffell befestigt war und das sie sich mit den Füßen zuspielten. Einer meiner Brüder kroch immer mit einem Backstein über den Asphalt und stellte sich vor, es sei ein Panzer. Ich machte mir eine Puppe aus Stöcken, der ich ein Kleid anzog, das aus einer Zeitung bestand. Ich war sehr neidisch auf die echten Puppen der Nachbarskinder, aber ich bat nie darum, auch so eine zu bekommen, denn mir war klar, dass das nicht möglich war.

Noch wie gestern erinnere ich mich an die bunten Haarschleifen von Larissa Ponomarjowa, meiner Mitschülerin, die Klassenbeste war. Von denen war ich so begeistert, denn ich selbst hatte immer nur eine Schnur oder einen Bindfaden in meine Zöpfe geflochten. Aber ich bat auch nicht um Schleifen.

Über meinen Kopf liefen oft Läuse. Meine Mutter hatte einfach nicht die Zeit, selbst auf alles zu achten. Sie schaffte es gerade noch, unsere Köpfe abends vor dem Schlafengehen durchzuzählen. Doch ich entwickelte selbst das Geschick, diese Parasiten loszuwerden: Ich steckte meinen Kopf in einen Eimer mit Petroleum und umwickelte ihn zur Nacht fest mit einem Lappen.

Meine damalige Mitschülerin Larissa ist inzwischen an Krebs gestorben. Etwa sieben Jahre lang habe ich ihr von Jesus Christus erzählt. Anfangs wollte sie davon nichts hören; sie meinte, ich sei verrückt geworden. Aber ein Jahr vor ihrem Tod, als sie schon sehr von der Krankheit gezeichnet war, erlebte sie eine echte Bekehrung und las viel in der Bibel. Sie bat mich, die Nachbarn einzuladen, um mit ihnen zusammen aus dem Neuen Testament zu lesen und Psalmen zu singen. Dann ließen ihre Schmerzen etwas nach.

Sie bat uns, so beerdigt zu werden, dass an ihrem Grab Gottes Wort verkündigt würde. Sie wünschte sich sehr, dass die Leute in unserem Dorf zusammenkämen, um gemeinsam Gott zu loben. Ihr Wunsch wurde erhört: Gleich nach Larissas Tod entstand in unserem Dorf eine Gemeinde, und das geschah so einfach und überraschend, dass man sich nur wundern kann. Die ersten acht Tadschiken schlossen einen Bund mit dem Herrn und ließen sich taufen.

Als Larissa starb, war ich in Moskau, und mein Bruder holte den Pastor und Missionar Iwan Bratan aus der nächsten Stadt zur Beerdigung ab. Er war mit seiner großen Familie, mit zehn Kindern, von Moldawien nach Kasachstan gezogen, um dort eine Gemeinde zu retten, deren 700 deutschstämmige Mitglieder fast alle in ihre Heimat, nach Deutschland, ausgereist sind. Vor kurzem besuchte ich diese Gemeinde: An den Wänden hängen Poster mit deutschen Bibelsprüchen, aber auf den Bänken sitzen breitwangige Kasachen mit Schlitzaugen. Haben die Deutschen das Land verlassen, um Platz zu machen für die Kasachen? Sie haben sich dort ja oft versammelt und gebetet, auch für die Moslems und ihre Nachbarn. Wenn sie auch die Frucht ihrer Gebete nicht sehen können, bin ich doch sicher, dass in der Ewigkeit viele mit Freude all diejenigen wiedersehen werden, um die ihr Herz einmal so gerungen hat.

Die Moslems bedauerten es sehr, dass die Deutschen das Land verließen, denn sie hatten Zuchtrinder, die viel Milch gaben. In unserer Dorfkantine wurde viel Milch getrunken, denn im Unterschied zu den Einheimischen, die einen Liter Milch mit mindestens zwei oder drei Litern Wasser verdünnten, tranken die Emigranten sie immer pur. Die Moslems sind auch heute noch sehr traurig über alle, die ausgewandert sind: Die Juden waren ausgezeichnete Ärzte, die Russen gute Ingenieure, die Koreaner bauten köstlichen Reis an, die Finnen hatten Ahnung vom Bauen und lehrten uns, in die Sauna zu gehen, die Griechen hatten eine hervorragende Küche und brachten allen bei, wie man richtig einlegt und mariniert...

Und so könnte man alle Völker aufzählen; jedes hatte etwas Besonderes, Einzigartiges und Schönes. Die einheimische Bevölkerung, Tadschiken und Usbeken, sind besonders für ihre Gastfreundschaft bekannt. Betritt jemand ihr Haus, so setzen sie ihn zuerst einmal an den Tisch und bewirten ihn. Erst dann fragen sie, warum er gekommen ist. Sie haben einen ruhigen, gemäßigten Lebensstil, sie lieben die Erde und gehen behutsam über den Boden, als würden sie seinen Atem spüren.

Als Pastor Iwan Bratan auf Larissas Beerdigung sagte, dass sie eine gläubige Frau war, die Jesus Christus liebte, und dass ihre Seele deshalb weiterlebe und bei uns sei, begann Larissas betrunkener Mann zu fluchen und zu schreien: „Wie, weiterlebt? Sie ging mir mit ihrer Krankheit schon genug auf die Nerven! Und jetzt soll sie weiterleben? Tragt sie schnell weg!" Dieser Mann war einmal der beste Schüler in der Dorfschule, hat die Militärakademie besucht und besitzt einen militärischen Dienstgrad, aber irgendwann begann er zu trinken. So kann es sein: eine russische Familie, in der alle sehr gebildet sind, aber durch den Mann hatten die arme Larissa und ihre drei Kinder viel zu leiden. Die Folgen eines Lebens ohne Christus – bei den Russen sind die Männer oft Trinker und bei den Moslems häufig Grobiane.

Als ich meinen Brüdern die Textpassagen über unseren Vater vorlas, rieten sie mir, diese zu streichen, da wir uns alle für unseren Vater schämen. All das ist schon lange her und geschah, als wir noch klein waren. Später hat sich unser Vater deutlich verändert, und vielleicht sollte man wirklich seine schmutzige Wäsche nicht unbedingt vor anderen Leuten waschen. Aber in Wirklichkeit geht es ja nicht nur um meinen Vater. Ich habe viele Menschen kennen gelernt, deren Schicksal ähnlich ist, und nicht nur bei den Moslems gibt es hartherzige Väter. Als ich vor ein paar Tagen diesen Abschnitt meiner russischen Bekannten Natascha vorlas, fing sie an zu weinen und sagte: „Unser Vater war noch schlimmer als eurer, er hat meinem Bruder den Schädel zertrümmert." Wir bräuchten uns nicht an unsere Taten von gestern erinnern, wenn sie nicht etwas mit unserem heutigen Leben zu tun hätten.

In der Bibel steht: „Wer seine Rute schont, der hasst seinen Sohn; wer ihn aber lieb hat, der züchtigt ihn beizeiten" (Spr. 13,24). Aber Strafe ist nicht gleich Strafe. Die Strafe im christlichen Sinne bedeutet Erziehung und ist unbedingt mit Liebe verbunden und keineswegs mit der Notwendigkeit, Gewalt anzuwenden. Ist die Strafe, wie mein Vater sie praktizierte, überhaupt mit der Strafe zu vergleichen, die die Bibel lehrt?

Um nur ein Beispiel zu nennen: Einmal wurde mein Bruder für das Benutzen von Schimpfwörtern (was für Moslems ein besonders schlimmes Vergehen ist) von meinem Vater damit bestraft, dass er die Zunge herausstrecken musste und mein Vater mit dem Riemen darauf schlug. Meine Mutter, die das sah, lief ins Haus, sammelte ihre Sachen in einem Laken zusammen und wollte ausziehen. Aber wohin sollte sie gehen mit den kleinen Kindern? Außerdem lebten alle Emigranten wie Gefangene, und ohne besondere Genehmigung von der Kommandantur durfte man nicht einmal auf den vier Kilometer entfernten Markt gehen.

Als wir schon größer waren, ereignete sich folgende Geschichte: Unsere Schwester Fatima war schon als Kind jemandem zur Ehefrau versprochen worden, aber als sie studierte, heiratete sie einen anderen. Unser Vater tobte: „Ich werde euer Haus verbrennen!" Er konnte die Schande nicht ertragen, die damit verbunden war, dass er dem Bräutigam gegenüber das offizielle Versprechen brechen musste. In dieser Zeit wachte ich nachts oft erschreckt auf und lief aus dem Haus. Vater schlief im Nebenraum, und bei jedem kleinen Geräusch dachte ich, dass er gerade aufstand, um uns alle mit seinem großen Dolch zu erstechen. Dieser Dolch lag immer unter seinem Kopfkissen, denn nach moslemischer Tradition legt man sich ein Messer und ein Stück Brot unter den Kopf. Damals bekam ich zum ersten Mal Herzstechen; in unserer Familie sind fast alle herzkrank.

Meine andere Schwester, Sina, kam unserem Vater in dieser schwierigen Situation entgegen und heiratete den Mann, dem Fatima versprochen worden war. Auch das ist üblich innerhalb des Islam: Wenn der Bräutigam die ältere Tochter nicht bekommt, gibt man ihm die jüngere. Meine Schwester weinte allerdings sehr, als sie sich zu dieser Ehe entschloss, und sagte: „Ich tue das nur für Mutti und Schira (so wurde ich zu Hause genannt)." Diese ganze Geschichte ereignete sich, als ich in der achten Klasse war, und mein Vater sagte damals, ich dürfe nicht mehr in die Schule gehen, sondern müsse Schafe hüten, damit ich nicht am Ende das Gleiche täte wie meine ältere Schwester. Doch Sina rettete mich mit ihrer Heirat, und so kam ich doch in die neunte Klasse. – Danke, Sina!

Zu klein für die Schulbank!

Ich wollte unbedingt lernen und bat mit sechs Jahren unter Tränen, in die Schule zu kommen. Nachdem ich eine Woche die erste Klasse besucht hatte, sagte der Schuldirektor, dass ich erst im nächsten Jahr eingeschult werde, da man mich hinter der Schulbank nicht sah, weil ich sehr klein war. Am nächsten Tag ging ich früh am Morgen wieder in die Schule, aber die Lehrerin ließ mich nicht in den Klassenraum. Ich ging nach Hause, schleifte meine Schultasche hinter mir her und heulte über die ganze Straße. Da kam mir der Sawutsch[6], Alexander Iwano-

[6] Russische Bezeichnung für den pädagogischen Leiter oder Studienrektor einer Schule.

witsch, entgegen und fragte: „Was weinst du denn so, Schira?" „Sie haben mich wieder nach Hause geschickt, weil ich zu klein bin... Die sind selber klein!"

Wie konnte man mir einreden, ich sei klein, wenn ich schon mit fünf Jahren einen ganzen Monat im Krankenhaus war, wo ich allein im Zimmer lag und mich selbst versorgte, weil Mutter zu viel Arbeit hatte und die anderen alle zur Schule gingen. Als Mutter mich einmal besuchte und fragte, ob sie bei mir im Krankenhaus schlafen soll, sagte ich: „Nein, Mutti, geh lieber nach Hause, ich bin schon groß, und der kleine Borja braucht dich." Borja war damals zwei Jahre alt. Meine Mutter weinte und fuhr nach Hause. Das Krankenhauspersonal bat mich jeden Tag, ein und dasselbe Lied vorzusingen:

Die Kraniche flogen am Himmel,
sie kamen von sehr weit her.
Ein kleiner geschwächter Kranich
sank tiefer, er konnte nicht mehr.

Das fremde Land, das verfluchte,
hat ihm alle Kräfte geraubt.
„Ach, Kraniche", rief er, „versucht doch,
tragt mich auf den Flügeln nach Haus."

Das Lied hatte noch mehr Strophen, aber die anderen habe ich vergessen. Erst jetzt verstehe ich, warum die Leute mich so oft baten, das Lied von den Kranichen zu singen, und warum sie dabei immer weinen mussten: Sie waren ja alle Emigranten, die ihre Heimat verlassen hatten.

Bei uns zu Hause gab es immer viel Arbeit. Als ich in die vierte Klasse ging, melkte ich schon unsere Kuh und knetete Teig. Wir hatten nur drei bis vier Monate im Jahr Unterricht, denn von September bis Dezember wurden alle Schüler zur Baumwollernte „abgezogen", und im April/Mai rief man sie erneut, um die Baumwollpflanzen zu verziehen. Die Ernte dauerte bis Dezember, und manchmal waren wir sogar Silvester noch auf dem Feld. Das war ein Hohn: Es gab schon keine Baumwolle mehr zu ernten, aber wir mussten, schon ganz durchgefroren, bis sechs Uhr abends auf dem feuchten Feld ausharren. Denn es gab den Befehl, dass in den einzelnen Bezirken alle so lange auf den Feldern sein mussten, bis alle in der ganzen Republik ihren Plan abgaben, egal, ob auf den Feldern noch etwas zu ernten war oder nicht.

Diese Baumwolle hat uns viel gekostet. Und dann wurde sie nachts im Bunker angezündet: Man verbrannte beispielsweise fünf Tonnen, und dann schrieb man im Rechenschaftsbericht, fünfzig seien abgebrannt. So erfüllte man den Plan.

Mit der Schulausbildung war es bei uns also nicht weit her. Da kann man sich ja vorstellen, mit welchen Voraussetzungen ich nach meinem Schulabschluss der Einladung der Moskauer Universität folgte – ich hatte zur Vorbereitung Fernkurse belegt –, um die Aufnahmeprüfung abzulegen. Zwar bestand ich mein Hauptfach, Literatur, mit einer Eins, aber ich wurde trotzdem nicht immatrikuliert, denn die Konkurrenz war sehr groß. Pro Studienplatz gab es acht Bewerber. Ich kehrte aber nicht nach Hause zurück, sondern blieb dann in Moskau.

Weise, fürsorgend, religiös – auch mein Vater

Über meinen Vater habe ich im Laufe meines Lebens viel nachgedacht. Wenn er das Haus verließ, waren wir Kinder sogar froh, besonders wenn er für längere Zeit wegfuhr, zum Beispiel zur Kur. Wovon träumen Kinder? Davon, ins All zu fliegen, von außergewöhnlichen Reisen... Ich träumte nur von einem: dass mein Vater häufiger zur Kur führe. Das war mein geheimer Kindheitstraum! Nur schien mir, dass er nie Wirklichkeit wurde.

Als mein Vater starb, war ich schon erwachsen. Ich war damals 32 Jahre alt und weinte bitterlich auf seiner Beerdigung, denn er tat mir so Leid. Er hat kein leichtes Leben gehabt. Vielleicht ist er mit uns übermäßig streng gewesen, aber das geschah wohl, weil auch er grob behandelt worden ist, und alles, was er selbst in seiner Kindheit erleben musste, gab er an seine eigenen Kinder weiter. Gut, dass unser Gedächtnis die Eigenschaft hat, vieles zu vergessen. Inzwischen haben wir selbst Familien, und wir Geschwister haben unseren Vater in vielen Dingen verstehen und lieben gelernt.

Leider trifft die beschriebene Situation nicht nur für meine Familie zu. In vielen moslemischen Familien benehmen sich die Männer noch viel unbarmherziger und teilweise sogar grausam. Mein Onkel jagte seinen Kindern einmal mit einer Kette hinterher. Die Bildung und das Sowjetsystem haben daran nicht viel geändert. Die junge Generation wuchs nicht besser auf als die vorige. Meine Nichte heiratete vor sieben Jahren einen Tadschiken aus der Verwandtschaft. Als sie im achten Monat schwanger war, trat der Bruder ihres Mannes ihr so heftig mit dem Stiefel in den Bauch, dass das Kind im Mutterleib starb. Sie selbst überlebte nur knapp eine Operation, nach der sie nun keine Kinder mehr bekommen kann. Die Nichte lebt weiterhin bei der Familie ihres Mannes, kocht und wäscht für alle Verwandten, auch für den erwähnten.

Doch wie oft kommt es vor, dass sich moslemische Frauen mit Petroleum übergießen und sich verbrennen! Eine vierzigjährige Frau aus dem Nachbarort, Mutter von fünf Kindern, wollte sich das Leben nehmen. Sie stürzte sich von einem Turm, überlebte aber, und ihr mussten beide Beine amputiert werden. Aber nicht nur die Männer sind grausam. Eine Frau überschüttete ihre junge Schwiegertochter mit Petroleum und legte Feuer an sie. Dann sperrte sie die Verletzte in einem Stall ein. Die Schwiegertochter hatte den Nachbarskindern ein Stück Fladenbrot gegeben, ohne um Erlaubnis zu fragen. Nach einigen Tagen wurden die Nachbarn auf das Stöhnen aufmerksam, konnten die Frau aber nicht mehr retten, in ihrem Körper hatten sich schon die Würmer eingenistet.

Wenn eine moslemische Frau die Sünde des Ehebruchs begeht, gibt es für sie kein Erbarmen. Die Männer machen mit ihr oft unverhohlen kurzen Prozess. Der Koran verurteilt die Sünde des Ehebruchs für beide Seiten, und Mohammed befahl, Ehebrecher zu steinigen. Es gab einmal einen Fall einer unverheirateten Frau, die mit allen Mitteln zu verbergen versuchte, dass sie schwanger ist. Als ihre Mutter davon erfuhr, entschloss sie sich in ihrer Angst, selbst eine Operation bei ihrer Tochter vorzunehmen und die Schwangerschaft abzubrechen. Sie trennte ihrer Tochter den Bauch auf. Als diese dabei starb, wickelte die Mutter sie in eine Decke und zündete sie an. Den Embryo warf sie in die Toilette. In dieser Tat kommt die ganze Ausweglosigkeit und tierische Angst der Frau zum Ausdruck: vor ihrem Ehemann, aber auch vor Verwandten, Nachbarn und der ganzen Welt. Das ist eine Not, die den Frauen tief in der Seele steckt und schlimmer ist als der Tod.

Ich möchte noch etwas zu meinem Vater sagen: Er war ein außergewöhnlicher und komplizierter Mensch. In seiner Sippe war er der Älteste, und so kamen seine Verwandten oft zu uns, um die verschiedensten Ratschläge einzuholen und Streitigkeiten zu schlichten, denn unser Vater konnte gut Konflikte beilegen. Er betete auch viel. Er war der Urgroßenkel eines Mullahs[7]. Mein Ururgroßvater Tosch war ein bekannter Mullah. Vielleicht lud mein Vater deshalb so gerne den Mullah in unser Haus ein und bat ihn jedes Mal, die heiligen Bücher mitzubringen. Mein Vater hörte aufmerksam zu, wenn man ihm aus diesen Büchern etwas vorlas, und weinte sogar manchmal dabei.

Er konnte selbst nicht lesen, doch hielt er es für gut, gebildet zu sein, und er ermöglichte fast allen seinen Kindern, zu studieren. Dafür war ihm das Geld nicht zu schade. Wenn man in Usbekistan studieren wollte, war das ohne Geld kaum möglich. Von uns Kindern sind einige Lehrer geworden, andere Ärzte, und fünf haben eine juristische Ausbildung.

Ich erinnere mich noch, wie mein Vater mich zum ersten Mal in Moskau besuchte, wo ich in einer Kommunalwohnung lebte. Mein Zimmer hatte elf Quadratmeter, und mein Vater lud damals sofort alle meine Mitbewohner zum Plow[8] ein. Als ich ihm erklärte, dass so etwas in Moskau nicht üblich sei, konnte er das überhaupt nicht verstehen und sagte nur: „Dann fahre ich wieder weg.“ In dieser Wohnung lebten sechs Familien. Alle kamen, um Plow zu essen. Mein Vater bewirtete sie mit Wodka und Plow, trank aber selbst nichts. Als ich später einmal wieder zu meinen Eltern fuhr, war die erste Frage meines Vaters: „Wie geht es deinen Nachbarn?“, und er erkundigte sich sehr interessiert nach jedem Einzelnen.

Einmal erzählte ich meinem Vater, dass eine ältere Frau in unserer Kommunalwohnung im Sterben lag und ich sie pflegte.

---

6 Titel für einen islamischen Rechts- oder Religionslehrer.
8 Ein orientalisches Gericht aus Reis und Fleisch.

Der Sohn dieser Frau, der in einem anderen Stadtteil wohnte, bot mir an, mein Zimmer gegen das seiner Mutter einzutauschen, da es dreimal so groß war wie meins und sonst leer stehen würde. Ich wollte mich auf den Tausch nicht einlassen, da ich wusste, dass das zuständige Stadtkomitee mir das Zimmer nach dem Tod der Frau sowieso überlassen würde, denn ich hatte das kleinste Zimmer in der Kommunalwohnung.

Mein Vater sagte dazu anfangs nichts, aber als ich wieder wegfuhr und mich verabschiedete, drückte er mir die Hand und sagte nur einen Satz: „Tausch dein Zimmer." Ich tat es dann auch. Später stellte sich heraus, dass für eins der Zimmer unserer Kommunalwohnung Leute registriert waren, die nicht bei uns wohnten, jedoch Anspruch auf das Zimmer der alten Frau erhoben. Wie konnte mein Vater das aus einer Entfernung von über tausend Kilometern voraussehen? Später kam die Privatisierung. Als ich dann wieder umzog, wurden die Quadratmeter berücksichtigt, die ich zu jenem Zeitpunkt hatte. Diese zusätzliche Wohnfläche konnte ich gut gebrauchen.

Unser Vater war ein sehr gastfreundlicher Mensch. Wir hatten immer Besuch, und dem wurde stets nur das Beste serviert. An einem Tag brachte Vater einen Eimer Honig nach Haus, dessen Deckel man mit einem Schloss versah. Einmal wurde versehentlich die Katze im Eimer eingeschlossen, die dort hinein gesprungen war und fürchterlich jaulte, da sie bis zum Hals im Honig steckte. Die Katze wurde gerettet, aber den Gästen konnte der Honig nun nicht mehr angeboten werden, da er viele Katzenhaare enthielt. Aus Sparsamkeit befreiten wir die Katze vom Honig. Wir Kinder freuten uns ohne Ende und aßen uns von Herzen am Honig satt.

Wenn unser Vater von der Kur zurückkehrte, brachte er uns immer Apfelsinen mit, die für uns etwas Besonderes waren. Wir aßen sie mitsamt der Schale. Ich esse auch heute noch gerne Apfelsinenschale, sie erinnert mich an meine Kindheit. Geld sparen konnte unser Vater nicht, er war immer dabei, irgendetwas für das Haus oder für die Kinder zu kaufen. Er kümmerte sich um uns, so gut er konnte. Wir hungerten nie und hatten immer Brot und Milch im Haus, und zum Abendessen gab es fast immer Fleisch.

Mein Vater log nie, und Angeber konnte er überhaupt nicht

leiden. Wir hatten als erste Familie unserer Sowchose einen „Wolga“, den unser Vater 1959 kaufte. Da er ein Auto besaß, hielt er es für seine Pflicht, anderen zu helfen. Auch wenn das Auto schon voll besetzt war, hielt er noch an, um die Menschen einzusammeln, die an den Bushaltestellen standen und ins Stadtzentrum wollten. Geld verlangte er dafür nie.

In der Hungerperiode brachte eine karatschaische Familie aus dem Nachbardorf den Eltern unseres Vaters für einen Sack Mais, den sie von ihm bekommen hatten, ihren Teppich. Als unser Vater von der Arbeit kam und davon erfuhr, war er sehr verärgert. Er nahm den Teppich und noch einen Sack Mais, lud alles auf den Esel und brachte es zu den Karatschaiern. Davon reden sie heute noch.

Gegen Ende seines Lebens hat sich unser Vater sehr geändert. Er wurde weicher, beschäftigte sich mit seinen Enkelkindern (die Rute lag allerdings immer unter seinem Kopfkissen bereit) und ging sogar in den Stall, um die Kühe zu füttern.

Er hatte zwei Familien. Seine zweite Frau, eine Tadschikin, hatten seine Eltern für ihn ausgesucht, und so hatten wir also gleich zwei Mütter. Meine Mutter liebte er sehr, auch wenn er oft so grob zu ihr war. Das kann man nur schwer verstehen, aber es war so. Ich denke, meine Mutter hat ihn auch geliebt. Ein paar Mal fuhr er mit ihr zu ihren Eltern, die in den siebziger Jahren in die Ukraine zurückgekehrt waren. Viele wunderten sich darüber, denn für moslemische Männer war es unüblich, mit der Frau zusammen zu verreisen, besonders zur damaligen Zeit. Nach dem Tod meiner Mutter fühlte sich unser Vater nicht mehr gebraucht. Er zog nicht zu seiner zweiten Frau, sondern blieb in unserem Haus wohnen.

Die zweite Familie wohnte etwa einen Kilometer von uns entfernt, aber unser Vater war selten dort, obwohl unsere zweite Mutter, Dschangil, eine sehr gute Frau war. Das sehe ich erst jetzt so; damals habe ich mehr mit meiner eigenen Mutter gelitten. Zwei Jahre nach unserer Mutter starb auch die zweite Frau unseres Vaters. Auf ihrer Beerdigung trauerten wir sehr und riefen: „Apa! Apa!“ (Mama! Mama!), ebenso wie ihre Kinder beim Tod unserer leiblichen Mutter klagten und weinten.

Bei den Moslems ist es üblich, die Verstorbenen laut zu

beklagen. Der Tote wird gründlich gewaschen: Man reinigt die Ohren, die Zähne und die Nase. Dann wickelt man ihn in eine 22 Meter lange weiße Leinwand und trägt ihn auf einer Bahre im Laufschritt aus dem Haus, wobei alle Männer den Trägern hinterherlaufen. Wenn der Verstorbene ein alter Mensch war, wirft man Geld auf den Toten. Die Frauen stehen in der Nähe des Hauses, weinen laut und schauen dieser Prozession hinterher. Sie dürfen erst am zweiten Tag auf den Friedhof gehen.

Nach dem Tod meiner Mutter war mein Vater sehr traurig, und sein Gesicht wurde schmaler. Eine Nachbarin erzählte mir, sie habe ihn einmal gefragt: „Mursa, warum bist du so traurig? Geht es dir nicht gut?", worauf er antwortete: „Meine Chotja ist nicht mehr da, und ich fühle mich zu Hause wie ein überflüssiges Möbelstück, das keiner mehr braucht."

Unser Vater war zuckerkrank, kam aber ohne Medikamente aus. Als er älter wurde, bekam er Herzschmerzen, obwohl er sich immer viel bewegte. Eine Woche vor seinem Tod wollte meine Schwester ihn überreden, etwas zu essen, denn er hatte keinen Appetit mehr. Zornig sagte er zu ihr: „Seht ihr denn nicht, dass ich sterbe?" Aber oft ist es so, dass wir solchen Worten keine besondere Bedeutung beimessen.

Am Tag, als er starb, kamen abends alle seine Söhne aus den Nachbardörfern, um ihn noch einmal zu sehen. Er saß nur ganz kurz bei einer Tasse Tee mit ihnen zusammen und drängte sie bald wieder, nach Hause zu fahren. Dann ging er in sein Zimmer. Mein jüngster Bruder, der noch mit ihm im Haus wohnte, ging zu ihm. Vater saß auf seinem Bett und betete.

Dann sagte er, als würde er mit sich selbst sprechen: „Warum kommt er denn nicht?" Mein Bruder fragte: „Auf wen warten Sie, Aka?" (Wir siezten unseren Vater und nannten ihn „Aka".) Er gab keine Antwort und betete weiter. Mein Bruder erzählte, dass er in diesem Moment etwas Ungewöhnliches, Geheimnisvolles im Zimmer wahrnahm. Dieses „Etwas" war so deutlich spürbar, dass er Angst bekam. Plötzlich hörte mein Vater auf zu beten und sagte: „Er ist da." Dann fiel sein Kopf nach hinten aufs Kopfkissen, und er starb.

Alle Menschen auf der Erde müssen leiden, und alle haben es schwer im Leben, aber Gott gibt jedem sein Maß. Ich weiß nicht, warum, aber mein Vater hatte ein vollkommen anderes

Leben als meine Mutter, vom Tod schon ganz zu schweigen. Zur Beerdigung unseres Vaters kamen sehr viele Menschen. Die Leute im Dorf konnten sich nicht daran erinnern, dass jemals so viele Menschen auf einer Beerdigung waren. Von allen Seiten strömten sie herbei, zu Fuß und mit Transportmitteln, um sich von unserem Vater zu verabschieden. Man muss dazu sagen, dass auch er es für seine heilige Pflicht gehalten hatte, einen Menschen auf seinem letzten Weg zu begleiten. Er war oft auf Beerdigungen, auch wenn er dafür weit fahren musste.

Worauf mich mein Vater vorbereitet hat

Wenn ich zurückblicke und über meine Vergangenheit und die Gegenwart nachdenke, möchte ich meinem Vater die gebührende Ehre erweisen und ihm dafür danken, dass er mir in meinem Leben ein großer Lehrmeister war. Danke, Aka. Er hielt uns dazu an, viel zu arbeiten und die Eltern und alte Menschen zu ehren; er erzog uns zur Selbstdisziplin, Willensstärke und zum Fleiß. Er konnte uns einige gute Eigenschaften anerziehen, auch wenn er als Mittel die Angst benutzte. Als ich vor fünfundzwanzig Jahren nach Moskau kam, musste ich als „Limitschik“[9] arbeiten. In der Hauptstadt wurden solche Leute als Menschen der untersten Kategorie betrachtet und waren überhaupt nicht angesehen. Mit dem Wohnraum war es damals anders als heute. Ein Dach über dem Kopf zu bekommen, war ziemlich schwierig, und Arbeit gab es nur dort, wo sonst niemand freiwillig arbeiten wollte. Ich erlebte so manches und schlief sogar auf dem Bahnhof. Nicht alle, die von irgendwoher nach Moskau kamen, waren einem solchen Leben gewachsen. Für mich war es leichter, denn mein Vater hatte mich auf ein raues Leben vorbereitet. Er übertrieb es zwar ein bisschen mit dem Bestrafen, aber vielleicht ist das besser, als hätte er uns überhaupt nicht bestraft.

---

9 „Limitschik“: Für Personen, die aus der Provinz oder anderen Republiken nach Moskau kamen, wurde in bestimmten Industriezweigen eine begrenzte Anzahl an Stellen angeboten, oft mit schwerer körperlicher Arbeit verbunden, womit die „Limitschiki“ aber die Möglichkeit erhielten, in Moskau zu bleiben.

Wie konnte mein Vater einerseits ein so weiser, gutherziger Mann sein, aber gleichzeitig so streng und grob? Er hatte Mitleid mit den Menschen und half sehr vielen, aber mit seinen eigenen Familienangehörigen ging er außergewöhnlich streng um. Ich glaube, er ist so erzogen worden. Und wenn ein Mensch seine eigene Familie gründet, bringt er dort das ein, was er selbst in seiner Kindheit gesehen und erlebt hat, und handelt oft genauso wie seine Eltern.

Vielleicht hat mein Vater seine raue Art von seiner Mutter, meiner Großmutter, geerbt. Viele arme Leute denken heute mit Dankbarkeit an sie zurück, denn sie ließ es nicht zu, dass irgendjemand verhungerte. Oft gab sie den Armen das Letzte, was sie im Hause hatte, obwohl ihre eigenen Kinder und Enkel und besonders die Schwiegertöchter am Hungertuch nagten. Als es für alle wenig zu essen gab, konnte sie noch Brot verteilen.

Aber ihr Charakter war nahezu despotisch, sie hatte alle unter ihrer Fuchtel. Ihre Schwiegertochter Dawlat war oft so müde, dass sie überall einschlief und sogar im Stehen schlafen konnte. Hatte sie einen Holzscheit in den Fladenbrotofen gelegt, hing ihr Kopf schon schwer nach unten, bevor sie noch zum nächsten greifen konnte. Dann schreckte sie auf, wurde wieder wach, und so ging es weiter. Vor einiger Zeit sagte ich zu ihr: „Tante, in meiner Erinnerung sind Sie ständig am Schlafen und wieder Aufwachen." Da lachte sie und sagte: „Das habe ich deiner Oma zu verdanken, die uns Tag und Nacht mit Arbeit quälte." Ich denke, dass mein Vater diese Neigung, alle mit Arbeit zu beschäftigen, von ihr hatte.

Meine Oma, Churmat, hat dies wohl von ihrer Mutter geerbt, meiner Urgroßmutter Gafar, von der alle nur sagen, sie sei eine sehr strenge und herrschsüchtige Frau gewesen. Mein Onkel erzählte, das Schreien der Kinder, wenn sie einem von ihnen an den Ohren zog, sei bis sonst wohin zu hören gewesen. Mein Vater schickte meine älteren Brüder an den Wochenenden gerne zur Oma, doch sie fingen dann an zu schreien und verdrückten sich. Sie wollten nicht zur Oma, weil die sie für jedes kleine Vergehen in eine dunkle, feuchte Kammer sperrte, die einem Keller glich, und dazu sagte: „Hier werden euch die Schlangen beißen." Mit ihren Fingern stellte sie dabei zwei schreckliche Schlangenzähne dar. – So war unsere Kindheit!

Teil 2

Als Missionarin in Moskau und Usbekistan

I

Frühling in unseren Herzen

Großmutters Tränen und Großtante Annas Gebete

Mein Zwillingsbruder und ich sind an einem großen orthodoxen Feiertag geboren, am Tag der heiligen Apostel Petrus und Paulus, dem 12. Juli. Meine Oma, die Mutter meiner Mutter, bat meinen Vater eindringlich, mich zum Gedenken an den Feiertag Pauline zu nennen und meinen Zwillingsbruder Peter. Sie war ja orthodox, und ich erinnere mich, wie sie oft gekränkt von ihrer älteren Schwester Anna, die damals in der Ukraine lebte, sagte, sie sei „ihrem Glauben untreu geworden, weil sie zur ‚Stunde' geht", also evangelische Christin geworden sei.

Diese Tante war durch ihren Mann dazu gekommen. Der war ein furchtbarer Säufer gewesen, hatte dann aber Stundisten kennen gelernt, mit dem Trinken aufgehört und seine Frau Anna mit in die Gemeinde gebracht. Alle Kinder dieser Tante wurden gläubig, und ihr Sohn Pawel ist heute Pastor der Gemeinde in Kostopol in der Ukraine.

Wenn ich mir all dies in Erinnerung rufe, denke ich: Woher stammen die Wurzeln meines Glaubens? Es ist wohl beides: die Tränen meiner Großmutter über die „Nichtchristen" und auch die Gebete ihrer Schwester, der Stundistin Anna, die über neunzig Jahre alt wurde, so alt wie sonst keiner in der Verwandtschaft meiner Oma. Natürlich haben auch der erstaunliche Glaube meines Großvaters und die bewundernswerte Herzlichkeit meiner Mutter und ihre Liebe zu den christlichen Festen eine Rolle gespielt.

Mein Vater erfüllte die Bitte meiner Oma bezüglich unserer Namen nicht; er nannte mich Schirinaj (das bedeutet „süßer Mond") und meinen Bruder Schakar („Zucker"). Aber die Tränen und Wünsche, die meine Oma an den Himmel richtete, sind dort angekommen: Ich arbeite heute in einer Gemeinde in Moskau, und Schakar ist Pastor einer Gemeinde in Usbekistan. Ich bin meinem Vater sehr dankbar, dass er mir in prophetischer

Voraussicht genau den richtigen Namen gab: Der Mond hat ja bekanntlich kein eigenes Licht, sondern reflektiert nur das Licht der Sonne. Ebenso wäre auch mein Leben ohne Gott so düster wie der dunkle Mond.

Der Tag, an dem meine Seele satt wurde

Aber in meinem Leben hat es ein Fest gegeben: Ich durfte meinen ewigen Frühling, Jesus Christus, kennen lernen. Damit wurde mein Herz von der großen, hellen Sonne erfüllt, und die Welt erstrahlte für mich in neuen Farben, so wie der Prophet Maleachi es voraussagte: „Euch aber, die ihr meinen Namen fürchtet, soll aufgehen die Sonne der Gerechtigkeit und Heil unter ihren Flügeln" (Mal. 3,20).

Meine erste Predigt über Jesus hörte ich in den Jahren von Perestrojka und Glasnost auf dem Arbat[10]. Ich ging ziellos und ohne einen Sinn im Leben zu sehen über den Arbat – so fühlte ich mich, als ich um die Dreißig war –, und auf einmal sehe ich einen älteren Mann, der über die Bibel spricht. Meine Füße wuchsen förmlich an der Stelle an, und ich spürte plötzlich etwas, was mir sehr vertraut und nah war. Aber es war irgendwo verloren gegangen. Nun traf ich es hier wieder, und aus meinem ausgetrockneten Herzen brach eine unaussprechliche Freude hervor – so groß wie der Himmel –, die diesem Vertrauten, Ewigen entgegenlief.

Es gibt einen ganz besonderen Fisch: den Europäischen Flussaal. Er laicht nur in der Sargassosee. Die Aal-Larven werden von der Strömung so weit fort getragen, dass sie in andere Meere und von dort aus in Flüsse und Seen gelangen können, wo die herangereiften Aale mehrere Jahre verbringen. Doch dann auf einmal beginnt der Aal, vom Instinkt getrieben, alle Hindernisse zu überwinden, springt, falls nötig, sogar aufs Festland, um „zu Fuß zu gehen", und macht sich auf einen Tausende Kilometer weiten Weg, nur um dorthin zu gelangen, wo er einmal als Rogenkorn war, in die Sargassosee. Er kann bis zu acht Monate schwimmen, ohne Nahrung zu sich zu nehmen, und er hat nur ein Ziel: seine Heimat, sein Zuhause. – Ebenso

10 „Der Arbat ist eine berühmte Fußgängerzone in Moskau.

erging es mir damals auf dem Arbat, als ich diese Worte über Gott und die Bibel hörte.

Ich lud den Mann vom Arbat ein, am nächsten Tag zu mir nach Hause zu kommen. Er hieß Wiktor Pawlowitsch und war sechzig Jahre alt, zwölf davon hatte er wegen seines Glaubens im Gefängnis verbracht. Er kam am Morgen und blieb bis zum Abend, bis die letzte Metro fuhr. Die Zeit mit ihm verging so schnell, dass ich sogar vergaß, ihm etwas zu essen anzubieten; nicht einmal Tee haben wir getrunken. Damals habe ich zum ersten Mal erlebt, wie es ist, wenn die Seele satt wird.

Am Ende unseres Gesprächs rief ich: „Ich glaube an Jesus Christus! Was soll ich jetzt tun?" Er antwortete: „Denke immer an zwei Dinge, die die Bibel lehrt. Erstens: Lebe nach Gottes Geboten, und zweitens: Predige das Evangelium."

Wie ich meine erste Predigt auf dem Arbat hielt

Am nächsten Tag ging ich nach der Arbeit auf den Arbat, um das Evangelium zu predigen. Das Beeindruckendste an der Perestrojka-Zeit war für mich, dass man alles hören und reden durfte, ohne etwas zu verheimlichen. Tausende gingen damals auf den Arbat, nur um dieses Wunder zu erleben: Es war nun möglich, laut auszusprechen, was vorher kaum jemand zu denken wagte! Hauptsächlich waren es politische Grüppchen, die sich dort versammelten und lautstark diskutierten.

Aber an diesem Tag ging auch ich auf den Arbat, und in mir steckte meine Entdeckung des Weltalls: „Jesus Christus ist für unsere Sünden gestorben, auferstanden, und er wird wiederkommen, um uns zu sich zu holen." Ich ging nicht einfach so, sondern ich trug diese Erkenntnis wie ein Heiligtum bei mir. Ich dachte: „Diese armen, unglücklichen Menschen, sie gehen so ziellos durchs Leben, ohne das wahre Glück zu kennen! Aber ich werde ihnen jetzt von Jesus erzählen, und dann wird es ihnen allen gleich viel besser gehen!"

Ich drängte mich in die Mitte einer Gruppe von Leuten, die über Politik diskutierten, und fragte: „Worüber redet ihr? Das ist doch alles dummes Zeug! Jesus Christus starb für unsere Sünden. Er ist am dritten Tag wieder auferstanden und wird bald wiederkommen! Warum streitet ihr euch über solche Fragen? Wichtig ist, dass ihr gerettet werdet!" Alle schauten jetzt zu mir und begannen, mir Fragen zu stellen. Aber ich kannte die Bibel noch gar nicht, und überhaupt hatte ich noch nicht viel Ahnung vom Leben. Doch auf alle Fragen hatte ich ein und dieselbe Antwort: „Glaubt, dass Jesus starb, auferstand und heute lebt, dann wird euch vieles im Leben klar werden. Aber das Wichtigste: Euch wird es gut gehen! Das werdet ihr selbst spüren, und zwar schon sehr bald."

Die Existenz Gottes ist nicht zu beweisen, aber man kann für sich persönlich die Gewissheit bekommen, dass es ihn gibt. Die Bibel sagt, dass „auch die Toren darauf (auf dem heiligen Weg) nicht umherirren dürfen" (Jes. 35,8). Das ist ja gerade das Besondere am Christentum, dass es „für den König ebenso wie für die Müllerstochter" gilt. Aber die Menschen suchen die Wahrheit gerne in weiter Ferne, wie in jener Geschichte mit Hodscha Nasreddin: Als Hodschas Nachbar zu sich nach Hause kam, sah er dort Hodscha auf den Knien liegen und nach etwas suchen. „Was hast du verloren?", fragte der Nachbar. „Meinen Schlüssel", antwortete Hodscha. Der Nachbar half ihm, den Schlüssel zu suchen. Dann fragte er: „Wo hast du ihn denn verloren?" „Zu Hause", sagte Hodscha ruhig. Da fragte der Nachbar: „Und warum suchst du ihn dann hier bei mir?", worauf Hodscha antwortete: „Weil es hier heller ist." Uns scheint es an vielen Orten „heller" zu sein, aber dort ist der „Schlüssel" nicht zu finden: Jesus Christus.

Als ich nach meiner ersten Predigt nach Hause ging, eilte ein junger, langhaariger Mann mit abgetragenen Jeans hinter mir her. Er sagte: „Ich bin zwar kein gläubiger Mensch, aber irgendwie spüre ich, dass das, was Sie sagen, wahr ist." Nachdem ich die Adresse einer protestantischen Gemeinde in Erfahrung gebracht hatte, ging ich mit diesem Mann dorthin, in die Straße Malyj Wusowskij 3. Als der junge Siebzehnjährige – er hieß Borja und kam aus Nowosibirsk – während des Gottesdienstes nach vorn ging, um sich zu bekehren, habe ich allerdings sehr gestaunt, hatte ich mich selbst ja noch nicht einmal bekehrt! Ich stand auf der Empore der Kirche und sah Borja am Altar knien. Da dachte ich: „Vielleicht will Gott mir hiermit zeigen, was meine Aufgabe im Leben sein soll, nämlich solchen Menschen wie diesem Borja das Evangelium zu bringen."

Noch gestern hätte dieser junge Mann etwas tun können, was nicht mehr rückgängig zu machen wäre. Später sah ich im Moschajsker Kindergefängnis viele, die nur aus Dummheit dahin geraten waren oder weil sie nicht richtig nachgedacht hatten. Ihnen ist auf ihrem Weg eben niemand rechtzeitig begegnet, der sie aufgehalten und auf die Gefahren aufmerksam gemacht hätte. Das führt zu einem traurigen Ende: Die Hälfte seines Lebens führt man ein Leben, das einem die zweite Lebenshälfte völlig verdirbt. Wie froh kann der sein, der schon in jungen Jahren die Möglichkeit entdeckt, anders zu leben.

Gottes Wort heilt die Herzen der Menschen

Etwa vier Jahre ist es her, da trat, nachdem ich auf dem Arbat gepredigt hatte, noch so ein junger Mann, Sascha, auf mich zu, und sagte: „Ich werde mir heute das Leben nehmen. Wegen meiner Freundin. Sie ist tot." Der Junge war etwa achtzehn Jahre alt. Bei jungen, empfindsamen Menschen kommt so etwas häufig vor. Lange redete ich auf ihn ein, das nicht zu tun: „Du bist doch noch ganz jung, Sascha. Du hast noch alles vor dir. Du wirst dies überwinden, und alles wird wieder gut werden. Gott verbietet uns, so etwas zu tun." Aber es ist schwer, einen Menschen von dieser Tat abzubringen, wenn er sie sich fest vorgenommen hat.

Ganz am Ende, als ich wahrscheinlich nicht mehr weiterwusste, sagte ich zu ihm: „Weißt du, ich würde sehr gerne für dich beten. Hast du nichts dagegen? Danach kannst du gehen und tun, was du willst." Er war einverstanden. Ich betete mit ihm, und als wir uns verabschiedeten, dachte ich: „Herr, was wird nun mit ihm?"

Nach zwei Jahren gab Gott eine Antwort. Wir predigten gerade auf einem Bahnhof, da kam plötzlich dieser junge Mann auf mich zu. Er sagte: „Erkennst du mich nicht? Weißt du nicht, wer ich bin? Ich werde dir ewig dankbar sein für diesen Abend und das Gebet, das du damals gesprochen hast!" – War das eine Freude! Er war also nicht nur am Leben geblieben, sondern auch gläubig geworden und ging nun in die Kirche!

Leben und Tod liegen natürlich in Gottes Hand, aber es hat doch seinen Sinn, dass wir hier auf dieser Welt alle zusammen leben. Ich glaube, dass das Leben und die Seelen der Menschen auf eine geheimnisvolle Weise miteinander verknüpft sind und dass kein Mensch auf der Welt uns einfach so, rein zufällig begegnet. Mit jedem Einzelnen auf dieser Erde habe ich viel gemeinsam: die Einsamkeit, die Traurigkeit, die Sehnsucht nach Glück, die Enttäuschung, die Ohnmacht vor Zeit und Unwiederbringlichkeit und schließlich das Größte und Geheimnisvollste, was uns alle verbindet und zu Geschwistern macht: den Tod. Wir sollten einander vor lauter Mitleid umarmen!

Doch wir vergessen das, was uns verbindet, und stattdessen richten wir einander, beneiden einander und streiten uns. Wie oft leben Menschen, die gute Freunde sein könnten, in Feindschaft miteinander, und das nur wegen irgendeiner Kleinigkeit, wie bei Iwan Iwanowitsch und Iwan Nikiforowitsch aus der Novelle Gogols, in der einer den anderen einen Gänserich nennt. Da werde ich an die Zeilen Pasternaks erinnert: „*Draußen wütet schon lange ein Schneesturm, und wir können nicht zueinander durchdringen.*" – „Zueinander durchdringen" können wir mit Jesu Hilfe.

Vor einigen Jahren lernte ich auf dem Arbat eine hübsche junge Frau kennen. Sie stand jeden Tag zwischen den Leuten, die unsere Predigt anhörten. Eines Tages fragte ich sie: „Sie arbeiten wohl hier in der Nähe, ich sehe Sie oft hier." Sie antwortete: „Nein, ich komme extra auf den Arbat, um die Predigt zu hören. Alles fing mit einem Stadtbummel an. Ich spazierte so über den Arbat, und plötzlich hörte ich die Worte: ‚Hören Sie das Gleichnis vom König und seinen Schuldnern.' Ich blieb stehen, hörte genauer hin und war wie erstarrt. Ich traute mich nicht, zur Seite zu schauen, weil ich den Eindruck hatte, dass alle Leute wissen, dass es hier um mich geht."

Wie sich herausstellte, hatte diese junge Frau schon seit acht Jahren keinen Kontakt mehr zu ihrer Mutter. Sie hielt sie für den ärgsten Feind in ihrem Leben. Offensichtlich hatte die Mutter einen schwierigen Charakter, denn auch ihr Mann und ihr Sohn hatten sie verlassen. Die junge Frau hieß Ira und war Ballerina. Sie sagte, sie habe sich immer geschämt, über diese Beziehung zu sprechen, aber es liege ihr wie ein schwerer Stein auf dem Herzen, schließlich ging es ja um die eigene Mutter. Nachdem Ira auf dem Arbat das Gleichnis gehört hatte, fuhr sie am nächsten Tag zu ihrer in Wladimir lebenden Mutter und versöhnte sich mit ihr. Ich erfuhr davon erst im Nachhinein.

Gottes Wort heilt die Herzen der Menschen und schenkt Hoffnung, dass es in unserem Leben eine Wende zum Besseren geben kann, dass unser Leben reiner, froher und heller werden kann. Gottes Wort öffnet die Tür zum verlorenen Paradies. Die Hauptursache aller menschlichen Nöte kann man so ausdrücken, wie es dem kleinen Prinzen bei Saint-Exupéry gesagt wurde: *„Die Menschen?... man weiß nie, wo sie zu finden sind. Der Wind verweht sie. Es fehlen ihnen die Wurzeln...“* So werden wir mal hierhin und mal dorthin getragen, wie es gerade kommt. Unsere Wurzeln und unsere Heimat sind im ewigen Haus unseres himmlischen Vaters. Außerhalb dieses Hauses sind weder Glück noch Ruhe zu finden, sondern nur Begierden und immer wiederkehrendes Leid.

In unserer Gemeinde erzählte eine Frau, dass sie mit ihrem Mann und ihrem Sohn einmal, als sie noch nicht gläubig war, auf Dienstreise in einem afrikanischen Land war. „Mir ging es damals gar nicht gut“, sagte sie, „überall wurde gelogen, auf der Arbeit machte einer den anderen schlecht, und zu Hause gab es auch Probleme: Mein Mann trank, und mit meinem Kind konnte ich nicht fertig werden. Was sollte ich tun? Zu wem sollte ich damit gehen?

Ich ging in ein Geschäft und kaufte ein Bild mit einer Christusdarstellung. Als ich das Geschäft verließ, dachte ich: Seltsam, jetzt trage ich Gott in meiner Tasche! Ich kam nach Hause, stellte das Bild an die Wand und nahm mir vor, diesem Christus von nun an alles über mein unerträgliches Leben zu erzählen und davon, was für schlechte Menschen überall um mich herum waren.

Doch auf einmal kamen mir die Tränen. Ich wollte plötzlich nicht mehr über die anderen reden, denn ich erkannte, wie schlecht ich selbst war. Dieser Zustand erschreckte mich regelrecht. Ich ging aus dem Haus, machte einen langen Spaziergang und fragte mich, was das gewesen ist. Als ich nach Hause kam, war ich ruhig und hatte Frieden im Herzen.“

Die ganze Welt um uns her befindet sich im Kriegszustand, denn alle suchen nach denen, die an ihrer üblen Lage schuld sind. Jemand hat einmal treffend bemerkt: „Auge um Auge, und bald ist die ganze Welt erblindet." Alle führen Krieg miteinander: die Völker und Nationen, einzelne Familien, die Mutter mit der Tochter..., und alle Familienmitglieder leben im Streit miteinander. Doch dieser ganze endlose Krieg, der schließlich einen allgemeinen Charakter annimmt, fängt im Herzen jedes einzelnen Menschen an, der im Krieg mit Gott lebt.

Was gab es schon für schreckliche Katastrophen in der Geschichte, an denen Menschen schuld waren, die keinen Frieden mit Gott hatten! Sie sind aufgrund ihrer Unvernunft schuldig geworden und meistens wegen nebensächlicher Dinge, die es eigentlich nicht wert waren. Die schöne ägyptische Königin Kleopatra (69-30 v. Chr.) war zuerst die Geliebte des römischen Imperators Gajus Julius Cäsar und später des römischen Feldherrn Marcus Antonius, der, nachdem Rom Ägypten den Krieg erklärte, wegen seiner feurigen Leidenschaft für die Königin auf die Seite des Feindes übertrat. Es ist, wie Blaise Pascal sagte: *„... Wäre die Nase Kleopatras... etwas kürzer gewesen, sähe das Antlitz der Erde heute anders aus."* Fast alle Not und die meisten Kriege auf der Erde entstehen aus unwichtigen, armseligen Neigungen, denen die Menschen nachjagen, um ihr kleines persönliches Glück zu erreichen.

Doch es hat keinen Sinn, sein Glück auf der Erde zu suchen, wo alles vergänglich und unzuverlässig ist, wie es bei Faust heißt: *„Ich suchte nach verborgenen goldenen Schätzen, und schauerliche Kohlen trug ich fort."* – Unsere Seele findet nur bei Gott ihre Ruhe, bei Gott und in Seinem Wort.

Ich finde es erstaunlich, wie Gottes Wort in allen Lebensbereichen auf den Menschen wirkt. Sein Wort verändert nicht nur unser Herz und unsere Seele, sondern auch unseren Körper. Als wir einmal auf dem Arbat predigten, kam eine Frau herbeigelaufen und rief begeistert: „Ich habe gestern Abend hier eure Predigt gehört, und am nächsten Morgen waren meine Füße geheilt. Ich weiß nur eins: Das kam von euch!" Wir mussten ihr lange erklären, dass wir keine Heilungen durchführen. Aber Gott kann alle Dinge tun, und sein Wort kann auch heilen und Tote auferwecken.

Ein Mann offenbarte uns einmal, was er dachte, als er uns predigen hörte: „Wenn das wahr ist, was die sagen, dann sollen doch meine Kopfschmerzen aufhören." Nach der Predigt dachte er gar nicht mehr an seine Kopfschmerzen und machte sich auf den Heimweg. Doch dann kam er eilig zurück mit den Worten: „Gut, dass ihr noch hier seid, ich hatte schon Angst, dass ich wieder Kopfschmerzen bekomme, wenn ich es euch nicht erzähle." Jeder Mensch hat intuitiv die Gottesfurcht in sich, auch wenn sie manchmal durch Aberglauben verzerrt ist.

Ein wahrer „Moslem" war Isa

Einmal hatte ich die Möglichkeit, an einer Universität in Usbekistan den Studenten die Frohe Botschaft zu verkündigen. Nach der Vorlesung nahmen alle Interessierten ein „Inschil", ein Neues Testament in usbekischer Sprache, mit. Am nächsten Tag kam früh morgens ein junger Usbeke zu mir und bat um ein Neues Testament. Ich fragte ihn, warum er es nicht am Tag zuvor mitgenommen habe.

Er antwortete: „Ich habe gestern ein Wunder erlebt. Im Laufe der Vorlesung wurde ich anfangs sehr wütend: Wie kann man nur den Koran, das heilige Buch der Moslems, mit der Bibel vergleichen und dazu noch behaupten, der gesamte Koran gründe sich auf die Bibel! Die Bibel ist doch ein russisches Buch, nichts für Usbeken, und das Christentum ist eine Religion, mit der wir nichts zu tun haben! Ich wollte aufstehen und Ihnen widersprechen, doch ich konnte mich nicht rühren. Als ich den Mund aufmachen wollte, konnte ich den Unterkiefer nicht bewegen, und dann überkam mich ein lang anhaltendes, leichtes Zittern. Als ich nach Hause kam, konnte ich zum ersten Mal nach acht Jahren wieder normal einschlafen. Ich bin sicher, dass das mit dem zusammenhängt, worüber Sie gestern gesprochen haben, und dass dieses Buch schon ein besonderes sein muss. Deshalb hätte ich gerne auch so eins."

Im Alter von zwölf Jahren bekam dieser junge Mann infolge einer starken Erschütterung Schlafstörungen, so dass er nicht mehr richtig schlafen konnte. Acht Jahre lang hatte man ihn in alle möglichen Einrichtungen gebracht: zu Ärzten und Psychiatern, zu Menschen mit übernatürlichen Fähigkeiten und Zauberern – nichts hat geholfen. Doch dann begegnete ihm Gottes Wort... Und wie immer gab es zuerst einen Aufstand und inneren Protest. Als sich der Apostel Paulus dem Evangelium widersetzte, hörte er eine Stimme, die sagte: „...Schwer ist es für dich, gegen den Stachel auszuschlagen“[11]. So konnte sich zweitausend Jahre später auch dieser junge usbekische Student dem Evangelium nicht widersetzen.

Dass ich in dieser Universität über die Bibel sprechen konnte, war allein Gottes Gnade und wie ein Zeichen von ihm. Meine Cousine arbeitete dort und hatte mich eingeladen, den jungen Menschen etwas über den Sinn des Lebens zu sagen. Ich wies sie darauf hin, dass sie entlassen werden könnte, wenn ich dort etwas von Jesus Christus sagte. Damals wunderte ich mich sehr über ihre Antwort: „Ich bin schon seit zwei Jahren gläubige Christin und habe noch nichts für Jesus getan. Diese jungen Menschen müssen unbedingt etwas von der wirklichen Liebe und vom Ziel unseres Lebens erfahren. Überall sieht man Drogenabhängige, Alkoholiker, es wird gestohlen und geraubt – einer muss ihnen doch helfen! Das Evangelium ruft uns zur Liebe zu allen Völkern auf und dazu, die Älteren und Vorgesetzten zu ehren – ist das etwa schlecht?“

Später sollte ich mit meiner Warnung leider Recht bekommen; meine Cousine wurde aufgrund meiner Vorlesung entlassen, obwohl sie schon zwanzig Jahre an der Universität gearbeitet, viele Auszeichnungen und Urkunden bekommen hatte und einen hohen Posten innehatte.

Als ich also die Vorlesung hielt, hatte ich in der einen Hand den Koran und in der anderen die Bibel. Wenn ich Moslems das Evangelium verkündige, beginne ich das Gespräch nie mit einer Gegenüberstellung der beiden Religionen oder mit den Vorteilen der Bibel gegenüber dem Koran. *„Bevor man anfängt, sich zu streiten, sollte man sich über die Dinge einig werden, die unbestreitbar sind“ (Chesterton).*

Es gibt eindeutige Wahrheiten, die diese beiden Bücher gemeinsam haben: die Propheten, einige Gebote, die Feste und – das Wichtigste – den Monotheismus. Es gibt im Koran sogar eine direkte Anweisung und einen Aufruf, die Bibel zu lesen, zum Beispiel in der Sure 5,72: *„... ihr befindet euch auf einem Nichts, bis ihr die Thora haltet und das Evangelium...“* Oder Sure 5,50: *„Wir*

---

[11] Nach der Übersetzung „Hoffnung für alle“.

ließen Jesus, den Sohn Marias, auf ihren Spuren folgen, zur Bestätigung dessen, was von der Thora schon vorhanden war. Wir gaben ihm das Evangelium, darin eine Rechtleitung ist und ein Licht...“[12]

Die erste Sure im Koran, die so genannte „Sure zur Eröffnung des Buches“, ähnelt sehr dem Psalm 1 in der Bibel, der von den zwei Wegen spricht: dem Weg des Gerechten, der „wie ein Baum, gepflanzt an den Wasserbächen“, sein wird, und dem Weg des Gottlosen, der sein wird „wie Spreu, die der Wind verstreut“. Wie wählt man den richtigen Weg?

Im Koran lesen wir in Sure 3,48 und 49: „*O Jesus, siehe, ich lasse dich sterben; erhebe dich zu mir und reinige dich von denen, die ungläubig sind. Und ich setze am Tag der Auferstehung diejenigen, die dir gefolgt, über diejenigen, die ungläubig waren... Was die betrifft, die ungläubig waren, so strafe ich sie mit schwerer Pein hienieden und jenseits; kein Helfer ist ihnen.*“

Hier wird direkt etwas über den Tod und die Auferstehung Jesu Christi ausgesagt *(„ich lasse dich sterben; erhebe dich zu mir“)*, und auch über seine Wiederkehr („am Tag der Auferstehung“), wenn alle Toten auferstehen und gerichtet werden in Abhängigkeit davon, wie sie zu Jesus Christus standen. Diejenigen, die Jesus Christus nicht angenommen haben, werden *„mit schwerer Pein bestraft“* werden, sowohl in diesem irdischen Leben als auch *„jenseits“*, also in der Ewigkeit.

Nach einer der Vorlesungen, die ich im großen Auditorium hielt, stellte ein Zuhörer mir laut die Frage: „Was sind Sie nun eigentlich, Christin oder Muslimin?“ Ich verstand sofort, dass dies eine provozierende Frage war, denn die Vorlesung war schon fast zu Ende, und alle hatten gute Laune und waren bereit, ein Neues Testament mitzunehmen.

Da fragte ich den jungen Mann: „Wie würden Sie das Wort ‚Moslem‘ übersetzen?“ – Schweigen. Keiner wusste es. – „Das Wort ‚Moslem‘ bedeutet: ‚Gottesfürchtiger‘ oder ‚Mensch, der Gott gehorcht‘. Ein Moslem ist also ein Mensch, der sich vor Gott und den Menschen demütigt. Und das ist auch das Wichtigste, was sich die Bibel vom Menschen wünscht: gottesfürchtig zu sein. Gottesfurcht ist ein ehrfurchtsvolles Erschauern vor dem Schöpfer und Gehorsam gegenüber Gott, denn „die Furcht

---

[12] Zitate nach der Übertragung von Lazarus Goldschmidt.

des Herrn ist der Weisheit Anfang", hat schon der weise Sulejman (Salomo) gesagt. Ich möchte unbedingt zu den Menschen gehören, die demütig und gehorsam sind, und ich glaube, dass in meinem Herzen Isa (Jesus) lebt. – Das ist meine Antwort auf Ihre Frage", sagte ich. „Doch jetzt möchte ich Ihnen auch eine Frage stellen: Was sind wir für Moslems, wenn wir so leben, als gäbe es Gott nicht, und uns dabei an die Brust schlagen und sagen, dass wir ‚wahrhaft gläubig' sind? Ein wahrer ‚Moslem' war Isa, denn er ‚war Gott gehorsam bis zum Tod, ja zum Tod am Kreuz'. Er gab sein Leben für uns sündige und unwürdige Menschen hin, und wer ihm nachfolgt, den befreit Isa von der Sünde, dem schenkt er ewiges Leben." – Nach diesen Worten nahmen fast alle im Hörsaal ein Neues Testament mit, und manche von ihnen folgen heute Jesus nach und dienen ihm.

Schakar und die usbekische Gemeinde

Bevor ich wieder nach Moskau abreiste, bat ich meinen Zwillingsbruder, diese Studenten im geistlichen Wachstum zu unterstützen. Doch mein Bruder war selbst gerade erst zum Glauben gekommen. Er lebte in einer anderen Stadt und hatte außerdem große Angst, solch eine verantwortungsvolle Aufgabe zu übernehmen. Ich bat ihn aber dennoch immer wieder und versprach, bald selbst zu kommen. Doch aus dem „bald" wurde nichts. Als ich nach etwa neun Monaten zurückkehrte, freute ich mich sehr zu sehen, dass nun noch viel mehr Menschen nach Gott suchten und sich regelmäßig mit meinem Bruder trafen.

Mein Bruder erzählte mir, dass Gott ihm in dieser Zeit bei allem sehr geholfen hat und dass er einmal ein besonderes Erlebnis hatte: „Ich fuhr im Auto zum Gottesdienst, der 100 Kilometer von meinem Wohnort entfernt stattfand. Da dachte ich: Was für ein Recht habe ich eigentlich, diese Leute über den Glauben zu unterrichten, wenn ich selbst noch an vielem zweifle und noch so viele bohrende Fragen habe? Plötzlich schaue ich neben mich: Da sitzt ein Mann. Ich erschrak nicht und wunderte mich nicht einmal, sondern ich begann, ihm Fragen zu stellen. Er beantwortete sie ausführlich. Erst als ich angekommen war und den Motor abstellte, sah ich, dass neben mir niemand mehr saß. Es war mir unbegreiflich, wie ich die 100 Kilometer hinter mich gebracht hatte, denn ich konnte mich weder an eine Ampel, noch an eine Kreuzung erinnern. Nach diesem Erlebnis wurde ich innerlich ruhig und war nicht mehr so unsicher in meinem Dienst für den Herrn."

So entstand in Usbekistan nach und nach eine Gemeinde. Ich freue mich immer sehr über Menschen, die nach Gott suchen! Sie haben eine solche Liebe zu Gottes Wort! Eine junge usbekische Studentin namens Dilja las die ganze Bibel in drei Monaten in Russisch durch und das Neue Testament zweimal auf Usbekisch. Dazu muss man sagen, dass es ihr nicht erlaubt war, diese Bücher zu Hause zu haben. Sie versteckte sie immer und las nur heimlich und nachts. Als einmal ihr Bruder zum Gottesdienst kam, um sie gewaltsam wegzuholen, hörte er im Eingang ein Lied, das ihn sehr bewegte. Er kam dann häufiger zu uns, nur, wie er sich später erinnerte, um dieses Lied zu hören: „*Zu später Stunde klopft jemand an die verschlossene Tür... Es ist der Herr, er klopft an deine Tür... Öffne ihm dein Herz, er heilt deinen Schmerz. Noch einmal klopft Christus an deine Tür...*" Dieses Lied sprach ihn so an, dass er sich bekehrte, und heute arbeitet er zusammen mit seiner Schwester für den Herrn.

Jedes Mal, wenn die beiden vom Gottesdienst nach Hause kamen, begrüßte ihre Mutter sie mit einem Spaten in der Hand, und schließlich jagte sie die Kinder aus dem Haus. Am Ende legte sie sich ein Messer an den Hals und sagte zu ihren Kindern: „Entscheidet euch, entweder ich oder euer Jesus!" Der Sohn antwortete: „Mutter, wir haben dich sehr lieb, aber leg das Messer lieber mir an den Hals. Wenn du mich dann fragst: Entweder du oder Jesus, werde ich ganz sicher antworten: Jesus." Da fiel der Mutter das Messer aus der Hand, sie ging kraftlos in die Knie und begann zu weinen. Danach sprach sie wochenlang nicht mehr mit ihren Kindern.

Eine andere Mutter erlaubte es ihren beiden Töchtern anfangs nicht, die Bibel zu lesen und die Gottesdienste zu besuchen, doch die Wege des Herrn sind unerforschlich. Sie beschloss, heimlich das Inschil (das Neue Testament auf Usbekisch) zu lesen, und als sie es durchgelesen hatte, goss sie ebenso heimlich einen Krug Wasser über ihren Kopf und sagte: „Ich glaube an dich, Isa Massich (Jesus Christus), du Sohn Gottes, und taufe mich in deinem Namen!"

Es ist aber auch schon vorgekommen, dass Eltern ihre Kinder mit dem Kopf gegen die Wand schlugen, weil sie Jesus Christus nachfolgten. Viele Herzen haben sich gegen Gottes Wort verhärtet, und es ist, wie Jesus sagte: „Sie wissen nicht, was sie tun". Mein Schwager sagte einmal im Zorn zu meiner Schwester, als er auf dem Tisch eine Bibel liegen sah: „Wenn ich noch einmal sehe, dass du in diesem Buch liest, verbrenne ich es!" Meine Schwester antwortete ihm ruhig: „Verbrenne es nur, auch mich kannst du verbrennen, aber aus meinem Herzen kannst du dies nicht mehr ausbrennen." Mein Schwager war so verblüfft über diese Antwort und den irgendwie besonderen Gemütszustand seiner Frau, dass er voller Befremden und ganz verwirrt das Zimmer verließ und die Tür hinter sich zuschlug.

Eine kasachische Studentin erzählte mir, dass ihre Eltern sie zuerst nicht zum Gottesdienst gehen ließen, aber dann stellte ihre an starken Kopfschmerzen leidende Mutter fest, dass die Schmerzen nachließen, sobald sie mit christlichen Büchern in Berührung kam. Daraufhin bat sie ihre Tochter, zum Gottesdienst zu gehen und christliche Literatur von dort mitzubringen.

Viele Menschen haben Bindungen zu bösen Mächten und hassen Gottes Wort allein schon aus diesem Grund. Sie schlagen ihre Angehörigen oder jagen sie aus dem Haus, wenn sie erfahren, dass diese sich für die Bibel interessieren. Doch es gibt auch ehrliche Menschen, die zu uns kommen und sich bedanken: „Wie gut, dass es euch gibt! Vielen Dank! Seitdem unser Sohn zu euch geht, klaut er nicht mehr, nimmt er keine Drogen mehr, flucht er nicht mehr..."

Besonders schön ist es zu erleben, wie Kinder die Frohe Botschaft annehmen! Ich habe viele Nichten und Neffen im Alter zwischen fünf und sechzehn Jahren. Tagsüber müssen sie Kühe hüten. Wenn ich zu Besuch komme, halten wir abends Bibelstunde. Sie sitzen dann schmutzig und müde, mit staubigen und zerkratzten Füßen im Kreis um mich herum und hören aufmerksam zu. Einmal sagte ich zu ihnen: „Das Evangelium ist etwas Lebendiges, es bringt jeden Tag Veränderung in unser Leben. Habt ihr in der letzten Woche schon irgendwelche Veränderungen an euch festgestellt?" – „Ja", riefen die Kinder fröhlich, „wenn wir abends Bibelstunde haben, gehen die Kühe leichter von der Weide nach Hause!“

Einmal kamen die Kinder und waren traurig: Ihr Pferd war krank geworden. „Lasst uns für euer Pferd beten“, schlug ich vor. „Nein, das geht doch nicht“, rief mein Bruder erschreckt und riss die Arme hoch, „wir können Gott doch nicht wegen einem Pferd belästigen! Außerdem ist es sowieso morgen früh tot.“ Wir beteten dann doch gemeinsam. Am nächsten Morgen lief das Pferd wieder herum.

Mein anderer Bruder bestrafte seine Kinder meistens recht streng. Einmal lief er meinem Neffen hinterher, holte ihn ein, fasste ihn am Schlafittchen und hatte schon den Riemen über seinem Kopf schweben, als der Junge atemlos zu ihm sagte: „Onkel, schlag mich nicht – um Jesu willen!“ Der Onkel war so verwundert, dass ihm der Gürtel aus der Hand fiel. Er drehte sich um und ging nach Hause.

Der iranische Nachbarsjunge gestand mir einmal: „Wir haben eine Lehrerin in unserer Schule, zu der ging ich früher nie in den Unterricht. Die ist noch jung und überhaupt nicht streng, und alle nutzen das aus und lügen sie an. Aber jetzt gehe ich wieder zu ihr. Denn Gott sieht ja alles. Sie tut mir auch Leid.“

In der Perestrojkazeit gab mein Bruder ein Jahr lang an einer Schule Geschichtsunterricht. Damals gab es kein Lehrprogramm für dieses Fach, da sich unsere ganze Geschichte als falsch herausgestellt hatte und noch keine neuen Geschichtsbücher geschrieben waren. Wie soll man unterrichten, wenn man überhaupt keine Bücher hat? Mein Bruder beschloss, diese Lücke zu füllen, indem er biblische Geschichte unterrichtete. Die Kinder mochten ihn sehr. Wenn sie früher ausschließlich durchs Fenster in den Klassenraum stiegen und in der ganzen Schule ein ohrenbetäubender Lärm war, so herrschte jetzt Ordnung. Als der Schuldirektor meinen Bruder auf Anweisung seines Vorgesetzten bat, die Schule wegen des Bibelunterrichts zu verlassen, was er auch tat, gingen die Schüler eine Woche lang nicht zum Unterricht. Sie verlangten vom Direktor, ihren Geschichtslehrer wieder einzustellen.

Die Kinder aus der Nachbarschaft kamen oft zu meinem Bruder ins Haus, um den Jesusfilm anzuschauen. Es kam auch ein deutscher Junge, dessen Mutter ihm nicht erlaubte, zum Kindergottesdienst zu gehen. Er kam immer, ohne dass sie davon wusste. Seitdem sind sieben Jahre vergangen, und die Familie ist inzwischen nach Deutschland ausgereist.

Als die Mutter einmal wieder zu Besuch nach Taschkent kam, fragte sie überall, wo sich mein Bruder jetzt aufhielte. Sie wollte ihm unbedingt danken für das, was er an ihrem Sohn getan hatte. Als sie nach Deutschland kam und sah, womit sich die Jugendlichen dort beschäftigen, und dass sie dort auch Drogen und Alkohol konsumieren, bekam sie große Sorgen um die Zukunft ihres Sohnes. Doch der Sohn, der inzwischen schon eine andere Lebenseinstellung hatte, ging in Deutschland sofort in eine Gemeinde. Seine Mutter ging mit ihm, denn sie sah sonst keinen Ort, wo sie sich vor dieser bösen Welt schützen konnten. Sie bat alle ihre früheren Nachbarn, „diesem Tadschiken" herzlich dafür zu danken, dass er ihren Sohn vor Schlimmerem bewahrt hatte.

Mein Bruder entschied sich, mit seiner Familie in eine Stadt zu ziehen, in der gerade eine Studentengemeinde entstanden war. In den ersten Tagen nach dem Umzug stahlen ihnen die Nachbarn siebzehn Hühner und den Hahn. Als die Frau meines Bruders den Nachbarn bat, die Hühner zurückzugeben, weigerte sich dieser strikt. Zwei Stunden später kam ein starker Sturm auf, und vom Haus des Nachbarn wurde eine Wand weggetragen. Das war ein komischer Anblick: ein Haus mit drei Wänden, und innen drin alles zu sehen. Der Nachbar setzte sich vor sein Haus und fasste sich an den Kopf, während seine Frau in den Stall lief und schleunigst meinem Bruder die gestohlenen Hühner über den Zaun warf mit den Worten: „Hier habt ihr sie wieder, eure Hühner, wir geben sie alle zurück, nur eins haben wir heute schon gegessen."

Nach einiger Zeit begannen die Behörden, die Versammlungen der Gläubigen zu behindern. Dafür muss ihnen eine Klage von Seiten der Nachbarn vorliegen, und die unterschreiben aus Angst vor der Miliz alles, was man von ihnen verlangt. So unterschrieb auch dieser Nachbar die von der Miliz schon vorbereitete Erklärung, die besagte, dass sich im Hause meines Bruders irgendwelche seltsamen Leute versammelten und irgendetwas veranstalteten, womit sie alle Leute in der Umgebung belästigten. Mein Bruder und seine Familie hatten damals mit den gerichtlichen Untersuchungen und Androhungen ziemlich zu kämpfen.

Einige Zeit später hatte dieser Nachbar eine so heftige Auseinandersetzung mit seiner Frau, dass sie ins Krankenhaus musste. Daraufhin kam wieder die Miliz, um diesmal Erklärungen gegen den Nachbarn zu sammeln, aufgrund derer man ihn ins Gefängnis bringen könnte. Das Hauptanliegen der Milizionäre war jedoch, ein angemessenes Bestechungsgeld zu kassieren. Sie wandten sich an meinen Bruder, um die nötigen Aussagen zu erhalten. Er sollte schreiben, dass er gesehen und gehört habe, wie der Nachbar seine Frau geschlagen habe. Doch mein Bruder weigerte sich.

Als die Frau des Nachbarn aus dem Krankenhaus entlassen wurde, ging der Nachbar zu meinem Bruder und sagte: „Ich muss dich um Vergebung bitten. Vielleicht weißt du es gar nicht, aber ich habe damals eine Erklärung gegen dich unterschrieben, obwohl du unschuldig bist. Ich dagegen bin wirklich schuldig, und mir drohte das Gefängnis, aber du hast die Situation nicht ausgenutzt und dich nicht an mir gerächt. Danke!" Er nahm ein usbekisches Neues Testament mit, und später kam seine Frau und bat um noch ein paar Exemplare für ihre Verwandten im Dorf.

„Seitdem haben wir Ruhe" – die Geister Mittelasiens und die Kraft Jesu

Einmal kam eine alte Frau zu meinem Bruder und sagte: „Ich habe gehört, dass hier Gläubige wohnen. Bitte helfen Sie mir, ich war schon beim Batjuschka[13] und auch beim Mullah, aber nichts hat geholfen." Die alte Frau und ihr Mann hatten ihre Wohnung gegen eine neue getauscht, in der man jedoch nicht wohnen konnte, denn dort flogen aus unerklärlichen Gründen Gegenstände durch die Zimmer. Der Mann stellte nachts schon einen Hocker über seinen Kopf, da die Gegenstände es besonders auf den Kopf abgesehen hatten. Da mein Bruder gerade

[13] Umgangssprachliche Bezeichnung für einen orthodoxen Geistlichen.

nicht zu Hause war, als die Frau kam, sagte meine Schwägerin zu ihr: „Ich gebe Ihnen hier ein Neues Testament. Lesen Sie es, und sobald wieder alles anfängt herumzufliegen, beten Sie das Vaterunser und bitten Sie Gott inständig um Hilfe.“ Die Frau nahm das Neue Testament, legte ein Lesezeichen in die Seite, wo das Vaterunser steht, unterstrich die Worte noch mit ihrem Fingernagel und ging nach Hause.

Einen Monat später kam sie zurück, brachte ein 3-Liter-Glas saurer Sahne mit und sagte voller Freude: „Liebe Frau, ich habe dir ein Geschenk mitgebracht. Dein Mittel hat geholfen! Als es wieder anfing mit dem Herumfliegen, begann ich, das Vaterunser zu lesen. Da wütete ‚es‘ noch mehr, und mein Mann, der sich unter dem Tisch verkrochen hatte, rief: ‚Hör auf, Mutter, es wird nur noch schlimmer!'

Doch plötzlich spürte ich, wie ich innerlich von diesem Gebet berührt wurde, so dass ich die Worte mit ganzem Herzen sprach. Nach einiger Zeit beruhigte ‚es‘ sich, und das Interessante ist, dass sich die Gegenstände, die sonst, wenn es aufgehört hatte, im ganzen Haus verteilt waren, jetzt alle an ihrem Platz befanden. Als es am nächsten Tag wieder anfing, holte ich gleich das Neue Testament, kniete mich noch hin und las. Es hörte sofort auf, und seitdem haben wir Ruhe.“

Ich habe schon mehrmals erlebt, wie Menschen, die durch böse Mächte gebunden waren, befreit wurden, nachdem sie Jesus Christus um Hilfe angerufen hatten. Ich denke zum Beispiel an ein zehnjähriges Mädchen, eine Aserbaidschanerin, die in einem kasachischen Dorf lebte. Mir wurde gesagt, dass die Leute von überall her zu ihr kamen, da sie die Gabe der Wahrsagerei und der Heilkunst besitze. Es hatte damit begonnen, dass ihr nachts einmal jemand in einem Raumanzug erschien, der ihr einen kleinen Stein gab und sagte, sie werde am nächsten Morgen in der Lage sein, Arabisch zu schreiben und Menschen zu heilen. So war es auch. Obwohl sie nicht einmal wusste, wie arabische Buchstaben aussehen, schrieb sie ganze Briefe auf Arabisch. Ihre Eltern gingen mit ihr in eine Moschee, und der Mullah bestätigte ihnen, dass alles, was das Mädchen geschrieben hatte, von Gott handelt.

Als ich dieses Mädchen besuchte, sagte sie mir schon beim Eintreten einige Fakten aus meiner Vergangenheit. Ich unterbrach sie mit dem Hinweis, dass ich aus einem anderen Grund gekommen war und weder etwas aus meiner Vergangenheit, noch über meine Zukunft wissen wollte, sondern nur, um zu sehen, wie sie Arabisch schrieb. Sie antwortete: „Ich kann nicht schreiben, aber ich versuche es mal." Sie schaute in die rechte, obere Ecke des Zimmers, und dann lief ihre Hand, in der sie einen Stift hielt, flink von rechts nach links über das Papier.

„Und jetzt lies mir das einmal vor", sagte ich zu ihr. Sie antwortete: „Ich kann nicht lesen, aber ich versuche es." Sie schaute wieder in die obere Ecke des Zimmers und begann mit deutlicher arabischer Aussprache zu lesen. Sie saß vor mir, dünn wie ein Stock mit riesigen, unruhigen Augen. Außerdem bemerkte ich, dass sie Angst hatte, allein zu sein, auch tagsüber. Doch aus dem ganzen Umkreis und sogar aus ferneren Gegenden kamen die Leute zu ihr, um geheilt zu werden, und ihre Mutter sagte, sie habe das von Gott.

Als ich mit ihr allein war, sagte ich ihr sehr deutlich: „Das ist nicht von Gott, mein Mädchen", worauf sie mir ruhig erwiderte: „Ich weiß, dass das nicht von Gott ist, sondern vom Satan, aber ich habe große Angst vor dem Teufel, denn er hat gesagt, dass er mich umbringt, wenn ich dies nicht tue."

Ich erzählte ihr von Jesus Christus und davon, dass Jesus stärker ist als der Satan und dass Satan große Angst vor Jesus hat und Jesus durch das Gebet in ihr Herz kommen und den Teufel von dort fortjagen kann. Sie hörte ruhig zu und war mit allem einverstanden. Aber als wir das Übergabegebet sprachen und sie mir die Worte „Komm in mein Herz, Jesus" nachsprechen sollte, fasste sie sich ans Herz und fing an zu schreien: „Es brennt in meinem Herzen, alles brennt da drin!" Ich sagte: „Jesus ist zu dir gekommen, er wohnt jetzt in deinem Herzen." Nachdem wir gebetet hatten, wurde sie ruhiger, ihr Gesicht veränderte sich vollkommen und strahlte vor Freude.

Wegen der Angst, die das Mädchen in sich trug, war sie acht Monate nicht zur Schule gegangen, doch jetzt ging sie sofort wieder zum Unterricht. Die Schuldirektorin erzählte mir später, wie das Mädchen ihr entgegen gelaufen war mit den Worten: „Jetzt lebt Jesus in meinem Herzen!" Als ich im Hof, wo das Mädchen wohnte, Bonbons an die Kinder verteilte, nahm sie ihren mit nach Hause. Dort zerschlugen sie den Bonbon, und jeder bekam ein Stückchen zum Probieren, weil er von mir war und deshalb kein gewöhnlicher, sondern ein „heiliger“ Bonbon sein musste, der heilen kann. Am meisten freute sich die Mutter, denn ihre Tochter war gesund geworden und konnte wieder zur Schule gehen.

Wie stark sind die Bindungen der Völker Mittelasiens an böse Geister! Fast in jeder Straße wohnt ein Zauberer, manchmal sogar zwei! Es ist üblich, diese „Kraft“ auf andere zu übertragen, meistens auf Verwandte. Oft geschieht dies in schwierigen Lebenssituationen: bei familiären oder gesundheitlichen Problemen. Man bietet den Betreffenden an, diese „Kraft“ für sich in Anspruch zu nehmen, und dann wird in der Familie angeblich alles wieder gut, und mit der Gesundheit geht es wieder bergauf. Dass die meisten der praktizierenden Zauberer Frauen sind, ist verständlich; ihnen liegt es am meisten am Herzen, die Ehe und ihre Kinder zu retten, und sei es um einen sehr hohen Preis.

Doch später ist es oft sehr schwer, sich aus diesem Teufelskreis wieder zu befreien, und ich glaube, dass es ohne Gottes Hilfe überhaupt nicht möglich ist. Wenn man diesen Menschen von Christus erzählt, hören sie zunächst ruhig zu, doch dann beginnen sie auf einmal so schrecklich zu gähnen, dass einem mulmig wird. Während des Gebets, in dem sich die Menschen von den dunklen Mächten lossagen sollen, habe ich häufiger folgendes Bild beobachtet: Ihnen tritt Schaum aus dem Mund, sie rollen mit den Augen, ihr Gesicht verkrampft sich, und den Namen „Jesus“ können sie nicht nachsprechen. Statt dessen stoßen sie unartikulierte Laute aus. Aber nach dem Gebet, wenn der Teufel besiegt ist, wird ihr Gesicht strahlend hell und froh.

Oft wird diese „Kraft“ von einer Generation auf die nächste übertragen. Mein Großvater, der Vater unserer zweiten Mutter, lebte in den Bergen und hielt sich dort eine Schlange, mit der er sich unterhielt. Er besaß Wunderkräfte, und bis heute pilgern Leute, die ihn noch kennen oder von den Alten von ihm hörten, zu seinem Grab.

Die ersten Kinder unserer zweiten Mutter starben eins nach dem anderen. Damals sagte der Opa zu seiner Tochter: „Wenn das nächste Kind geboren wird, gebe ich ihm ‚Kraft‘, dann wird es leben.“ So wurde meine älteste Halbschwester geboren, die ein liebenswürdiger und guter Mensch ist. Sie besitzt tatsächlich magische Fähigkeiten. Zum Beispiel heilt sie die Leute mit einem schwarzen oder weißen Huhn, je nachdem, mit welcher Krankheit der Betreffende zu ihr kommt, oder sie erhält bestimmte Informationen, indem sie ein Tamburin schlägt. Wenn ein Baby ununterbrochen schreit, kann sie es beruhigen, indem sie seinen Körper mit einem Rasiermesser einritzt.

Als ich versuchte, sie von all diesen Dingen abzubringen, weil sie nicht gut sind, willigte sie schweigend ein, sagte aber, dass sie sich so schnell nicht entschließen könne und mir nach vierzig Tagen eine Antwort geben wolle.

Doch nach Ablauf dieser Frist sagte sie zu mir: „Ich kann nicht. Hier hast du ein Messer, du kannst mich umbringen, aber ich kann mich davon nicht lossagen und dir alles erzählen." Innerhalb dieser Frist hatte sie die ganze Zeit schreckliche Furunkel. Der Teufel, der ein Feind des Menschen ist, hält die Seelen ganz fest, und für solche muss mit besonderer Vollmacht gebetet werden.

Als ich wieder einmal in Taschkent war, fuhr man mich zu einem achtzehnjährigen Mädchen, das gerade die Schule beendet hatte. Ihre Mutter klagte, mit ihrer Tochter sei etwas passiert, sie sei so böse geworden und verlange, man solle ein Schaf schlachten und eine Zeremonie feiern, in der sie zur Zauberin geweiht würde. Durch das Haus dieser Familie fliege angeblich eine Hand, die nur für das Mädchen sichtbar sei und die es schlage und ihr befehle, sich mit der Zeremonie zu beeilen. Es war nicht leicht, herauszufinden, was der Grund für diese Ereignisse war, aber ich habe die Schulfreundinnen dieses Mädchens befragt und in Erfahrung gebracht, dass sich viele von ihnen bereits mit der Zauberei beschäftigen.

Einmal ging das Mädchen in die Schule, um für ihre Mutter, die dort als Putzfrau arbeitete, zu putzen. Dabei „stürzte sich" der Besen mit dem Lappen auf sie und „verprügelte" sie so, dass sie kaum mit dem Leben davon kam. Es war schwer, mit dem Mädchen zu sprechen, sie verschloss sich sofort vor mir. Überhaupt sprechen solche Menschen ungern über das, was mit ihnen geschieht, als würde ihnen jemand befehlen zu schweigen. Sie leben in ihrer eigenen Welt, die ihnen selbst nicht gefällt, aus der es aber unglaublich schwer ist auszubrechen. Dennoch willigte das Mädchen ein, dass ich mit ihr betete. Nach dem Gebet sah ich, dass ihre Züge weicher waren und ihr Gesicht wieder Farbe bekommen hatte.

In unserer heutigen Zeit blühen Okkultismus und Schamanismus überall, nicht nur im Osten, sondern auch im Westen. Hier in meiner Moskauer Gemeinde sehe ich, wie immer dieselben Leute während des Gottesdienstes andauernd einschlafen, aber nicht so, als wären sie sehr müde oder von der Predigt gelangweilt, sondern sie verfallen sozusagen in einen Zustand des Schlafwandelns. Es sind Leute, die entweder an einer Sünde festhalten, die sich fest in ihnen verwurzelt hat, oder eine okkulte Vergangenheit haben.

Kampf und Glück – als Predigerin auf dem Arbat

Einmal hatte ich nach einer Predigt auf dem Arbat ein interessantes Erlebnis. Es war an einem Sommerabend. Etwa zehn Personen hatten sich um mich versammelt und stellten Fragen. Plötzlich stellte mir eine hübsche, nett lächelnde, etwa zwanzigjährige Frau mit knallroten Lippen eine Frage. Als ich begann, ihr zu antworten, veränderten sich plötzlich ihre Augen. Die Pupillen „verschwanden", und zwei weiße, schreckliche Kugeln schauten mich an. Statt ihres freundlichen Lächelns sah ich gefletschte Zähne. Ein tierisches, furchterregendes Gesicht!

Bei diesem Anblick verlor ich mein Gedächtnis: Ich vergaß, wer ich war, wie ich heiße und warum diese Leute um mich herum standen. Doch plötzlich nannte jemand in mir mehrmals den Namen „Christus", und mein Gedächtnis kehrte zurück. Ich nehme an, dieser Zustand dauerte nicht lange an, denn alle standen noch da und hatten offensichtlich nichts bemerkt.

Da stellte die junge Frau noch eine Frage. Ich stand mit dem Rücken zu ihr und beantwortete ihre Frage, ohne mich umzudrehen. Ich spürte ihre Schadenfreude, denn sie wusste, was ich gerade erlebt hatte. Mir fielen die Worte der Bibel ein: „... der in euch ist, ist größer als der, der in der Welt ist." Sofort spürte ich eine solche Kraft in mich fließen, dass ich mich ganz gelassen zu ihr umdrehte und ihr direkt ins Gesicht schaute. Wieder sah ich die „entfliehenden" Pupillen und das Zähnefletschen, doch ich sprach weiter. Die junge Frau versuchte erneut, auf mich einzuwirken, doch diesmal gelang es ihr nicht. Sie wurde nervös, und es zuckte in ihrem Gesicht.

Dann geschah etwas, was ich mir bis heute nicht erklären kann. Alle hörten meine Worte über Gott und die Bibel, doch zur selben Zeit führte ich mit dieser Frau auf der Ebene der Gedanken ein ganz anderes Gespräch. Ich hörte deutlich die Worte, die sie zu mir sagte, ohne den Mund aufzutun: „Ich bin stärker als du. Siehst du, wie du dich erschreckt hast, denn mein Herr ist stärker. Komm zu uns, geh mit mir!" Auch ich antwortete ihr gedanklich, und ich wusste, dass sie meine Gedanken hörte, als würde sie die Antwort, die ich ihr gab, von einem Blatt ablesen: „Nein, Jesus ist stärker. Ich habe keine Angst vor dir und auch nicht vor deinem Herrn. Geh weg, du wirst sterben! Jesus ist stärker!"

Sie lockte mich immer wieder und drohte mir, doch ich antwortete jedes Mal: „Jesus ist stärker." So ging das eine Zeit lang. Plötzlich hatte sie drei Nelken in der Hand. (Vielleicht hatte sie die von Anfang an bei sich, und ich hatte sie nur nicht bemerkt.) Sie schenkte sie mir, küsste mich und sagte: „Ich muss heute mit Ihnen mitkommen." – Um es kurz zu fassen, Gott ließ das nicht zu. Doch die schrecklichen weißen Pupillen habe an jenem Abend nicht nur ich gesehen. Ich erinnere mich, dass ein Mann zu ihr sagte: „Junge Frau, was haben Sie für furchtbare Augen!"

So versuchte der Teufel, mich ganz am Anfang meines Dienstes auf dem Arbat abzuschrecken. Doch welche Kraft liegt in den Worten Gottes! Mit Gott ist es wirklich so: „dass du nicht erschrecken musst vor dem Grauen der Nacht... es wird dir kein Übel begegnen" (Ps. 91,5;10).

Du hast ein großes, beglückendes Geheimnis:
Das Böse ist machtlos; wir leben ewig, und Gott ist bei uns.
(W. Solowjow)

Wenn ich auf die vergangenen Jahre zurückblicke, kann ich mit aller Bestimmtheit sagen, dass die glücklichsten Momente meines Lebens die waren, in denen ich das Evangelium predigte. Selbst dann, wenn ich ganz kraftlos zum Predigen ging, kam ich beflügelt und glücklich nach Hause und hatte so viel neue Energie, dass ich meinte, Berge versetzen zu können.

Der russisch-orthodoxe Metropolit Antonius Suroschskij

schrieb über die große geistliche Notwendigkeit, Jesus Christus zu bezeugen: „*Schon sehr früh, als ich im Alter von vierzehn Jahren das Neue Testament las, spürte ich, dass es keine andere Aufgabe im Leben geben kann, als mit anderen über jene Leben verändernde Freude zu sprechen, die sich mir in der Erkenntnis Gottes und Jesu Christi offenbarte. Etwas später habe ich dann als Jugendlicher zur Zeit und zur Unzeit, in der Schule, in der Metro und auf Kinderfreizeiten von Jesus Christus gesprochen und davon, wie er sich mir offenbarte: als das Leben, die Freude, der Sinn und als etwas derart Neues, das in der Lage war, alles zu verändern. Über dieses Wunder nicht zu sprechen, wäre ein Verbrechen vor Gott, der es vollbracht hat, wie auch vor den Menschen, die sich jetzt überall auf der Welt nach diesem Wort über Gott, den Menschen und das Leben sehnen...*"

Während ich predigte, sah ich, besonders am Anfang der Perestrojka, oft junge Männer, die mit den Tränen zu kämpfen hatten. Man spürte, dass in ihnen etwas vor sich ging. Es gibt immer suchende und hungrige Seelen in unserer Nähe. Jesus sagte von ihnen: „Meine Schafe hören meine Stimme."

Ich erinnere mich, wie sich einmal, als es regnete, ein Ehepaar mit Kind zu uns stellte. Sie hörten mir lange zu, doch schließlich ging die Frau mit dem Kind in ein Geschäft, um sich aufzuwärmen. Sie schickte das Kind mehrmals zum Vater, um ihn zu holen. Am Ende kam sie selbst und sagte zu ihm: „Komm nach Hause, das Kind friert! Du bist nicht allein hier!" Der Mann stand wie angewurzelt da, als höre er nichts, und sein Gesicht war sehr ernst und konzentriert. So ging die Frau ohne ihn fort, und er blieb bis zum Schluss, ohne ein Wort zu sagen. Er war so bewegt von dem, was er hörte, dass er alles um sich her vergaß: seine Frau, sein Kind. Sergej Iwanowitsch – so hieß er – bekehrte sich später und ließ sich taufen.

In der beeindruckenden Erzählung A. I. Solschenizyns über das Leben im Gulag „Ein Tag im Leben des Iwan Denissowitsch" wird so wunderbar beschrieben, wie Aljoschka, der Baptist, dem Schuchow mit ganz einfachen Worten erklärt, was man von Gott erbitten muss: „*Aljoschka kroch mit seinem Testament näher zu Schuchow heran, ganz nahe an sein Gesicht. ‚Von allem Irdischen und Vergänglichen, so hat der Herr uns aufgetragen, sollen wir nur um das tägliche Brot bitten: Unser täglich Brot gib uns heute!' – ‚Die Ration also', fragte Schuchow. Aber Aljoschka redet wei-*

ter, seine Augen sind ausdrucksvoller als seine Worte, und seine Hand zupft an Schuchows Arm, streichelt ihn sogar: ‚Iwan Denissytsch! Nicht darum soll man beten, dass man ein Paket bekommt oder einen zusätzlichen Schlag Suppe. Was die Menschen hochschätzen, ist abscheulich vor Gott! Beten soll man um Geistliches: dass Gott alle böse Unruhe von unserem Herzen nimmt...'" Wird unser Herz von dieser „bösen Unruhe" befreit, ziehen Glaube und Frieden ein. Und dann wünscht man sich, diesen kostbaren Schatz mit anderen zu teilen. Deshalb ist es mir völlig unverständlich, warum sich manche Gläubige, wenn Gottes Wort gepredigt wird, gelinde gesagt, sehr seltsam verhalten. Anstatt zu beten, stellen sie viele vom Thema ablenkende Fragen. Ich habe gelernt, die Menschen an ihren Fragen zu erkennen.

Ein Beispiel: „Sagen Sie bitte, was steht im zweiten Kapitel der Apostelgeschichte?" „Ach, guten Tag", sage ich, „ihr seid Pfingstler, aber wartet, meine Lieben, die Leute sollen zuerst etwas von Jesus hören, und dann können wir über die Gnadengaben reden."

Oder: „Wie lautet das vierte Gebot?" – „Liebe Adventisten", gebe ich dann zur Antwort, „niemand will euch euren Sabbat rauben, wie das vierte Gebot ihn vorschreibt, aber wir sprechen jetzt über Christus."

Oder die immer wieder gestellte Frage der Zeugen Jehovas: „Wie lautet der Name Gottes?"

Einmal kam ein junger Mann im schwarzen Priestergewand zu mir, wahrscheinlich ein Diakon der orthodoxen Kirche, und erklärte triumphierend: „In der Bibel steht, die Frau habe zu schweigen!"

Ich fragte ihn: „Wer hat zuerst die Auferstehung des Herrn Jesus verkündet?" Er schwieg. „Die erste Predigerin des Evangeliums", sagte ich, „war eine Frau, nämlich Maria Magdalena, und ausgerechnet ihr trug Jesus auf, die frohe Botschaft von seiner Auferstehung seinen Aposteln zu verkündigen! Im orthodoxen Troparion[14] wird gesungen: ‚*O Ostern! Erlösung vom Leid! Denn aus dem Grab erstand heute Christus, strahlend wie aus*

[14] Ein in der Regel einstrophiger Kurzhymnus, der dazu dient, das Tagesgedächtnis an einen Heiligen oder einen Feiertag zu erläutern, und dessen Schluss immer eine Gebetsform aufweist.

einem Palast. Die Frauen rufen voller Freude: Verkündigt es den Aposteln! – Christus ließ die frohe Botschaft von seiner Auferstehung also zuerst die Frauen wissen, und dann schickte er sie zu den Aposteln, um es auch ihnen zu verkündigen. Außerdem, Batjuschka" – ich wollte ihn höflich anreden, obwohl er in Wirklichkeit kein orthodoxer Priester war, auch wenn er einen Priesterrock trug –, „jetzt haben sich gerade die Leute hier versammelt, und ich selbst würde auch gerne hören, was Sie uns zu sagen haben. Kommen Sie, stellen Sie sich an meinen Platz und erzählen Sie uns von Christus." Da war er plötzlich spurlos verschwunden.

Es gibt aber auch viele Gläubige, die sich wirklich freuen, wenn sie uns predigen hören. Sie beten und unterstützen uns auf ganz unterschiedliche Weise. Das sind natürlich mehr als die, die vom Wesentlichen ablenken. Dem Teufel ist es recht, dass wir mit Ungläubigen über alles Mögliche reden, nur nicht über Christus. Es ist wie in der Fabel, als der Fuchs dem Kranich einen flüssigen, auf einem flachen Stein verstrichenen Griesbrei anbot, den der Kranich mit seinem schmalen Schnabel nicht zu fassen bekam. Der Kranich rächte sich am Fuchs, indem er ihm aus einem Krug mit einem langen, engen Hals etwas zu essen anbot, an das der Fuchs nicht herankam. Genauso geht jegliche Freude am Evangelium verloren, wenn wir, anstatt die einfache, frohe Botschaft von Jesus Christus zu verkündigen, anfangen, schwierige theologische Fragen zu erörtern, die für Ungläubige meistens sowieso völlig unverständlich sind.

Von nun an will ich meinen Mund
nur noch für dieses eine öffnen!
In meinen Worten, voll Begeisterung,
soll nur noch Christi Name klingen.
(A. K. Tolstoj)

Der Mullah und die Schönheit Gottes

Einmal kam in einen usbekischen Bibelkreis ein Mullah und sagte: „Ich möchte gern verstehen, was für eine Kraft hinter eurem Glauben steckt, wenn sogar gebildete Menschen bereit sind, die Religion ihrer Väter zu verleugnen." Darauf antworteten die jungen Christen: „Wir verleugnen nichts, aber durch die Bibel haben wir die Religion unserer Vorfahren besser verstehen gelernt."

Die übernatürliche Geburt Jesu Christi findet im Koran eine Bestätigung in der „Sure von Maria", in welcher der Engel Maria verkündet: *„Ich bin nur ein Gesandter deines Herrn, dass ich dir einen reinen Knaben gebe."* Maria antwortete: *„Wie soll mir ein Knabe werden, da mich doch kein Fleischwesen berührt hat, und ich auch keine Hure bin?"* Darauf erwiderte der Engel: *„So sprach dein Herr: Dies ist für mich ein Leichtes. Wir machen ihn zum Wunderzeichen für die Menschen und zur Barmherzigkeit von uns"* (Sure 19,19-21). Die Geburt Jesu Christi ist also ein Zeichen für die ganze Menschheit, denn Jesus wurde ohne leiblichen Vater geboren. Die Worte im Koran *„zur Barmherzigkeit von uns"* bedeuten, dass Gott durch Jesus Christus allen Menschen Barmherzigkeit und Vergebung der Sünden erweist.

Dieser Mullah, Sohn eines usbekischen Muftis[15], erwies sich als ein sehr gebildeter Mann. Er hatte an den besten Medresen[16] des Ostens studiert, und man spürte, dass er ein gläubiger Mensch war. Er zeigte eine so kindliche Begeisterung dafür, wie Gott die Welt erschaffen hat. „Seht doch mal", sagte er, „wie interessant alles bei Gott ist! Es gibt Dinge, die nach menschlichen Vorstellungen unlogisch erscheinen, aber wie bezaubernd sind sie doch dabei! Zum Beispiel die Berge und Hügel: Da gibt es überhaupt keine gleichmäßigen Formen, und doch faszinieren sie einen. Bei den Menschen dagegen ist alles scheinbar logisch aufgebaut. Diese Plattenbauten und Betonklötze, in denen wir wohnen, sind alle so gleich und einheitlich. Doch manchmal hat man das Bedürfnis, dieser Logik zu entfliehen, hin zur Natur, denn bei Gott hat alles eine unerklärliche, aber echte und einzigartige Schönheit."

Nach einiger Zeit begann dieser Mullah wieder, uns Fragen über Jesus Christus zu stellen: „Erklärt doch meiner moslemischen Seele einmal, wie Gott seinen einzigen Sohn kreuzigen konnte! Ich habe die Bibel gelesen und bin bereit, allem, was

---

[15] Arabisch „Entscheider": ein Rechtsgelehrter im Islam, der in Fragen des religiösen Rechts berät und Gutachten abgibt.

[16] Medrese, aramäisch-arabisch: eine islamische juristisch-theologische Hochschule.

dort steht, zuzustimmen und Jesus als den höchsten aller Menschen, die je auf Erden lebten, und als den größten aller Propheten anzuerkennen. Aber wie kann man akzeptieren, dass er Gott sein soll? Wie ist es zu verstehen, dass Gott am Kreuz hängt und die niedrigen Menschen ihm, Gott, ins Gesicht spucken?"

Ich antwortete ihm: „Sie haben ja selbst gerade so begeistert davon gesprochen, wie unlogisch unser Gott ist und was für eine großartige, geheimnisvolle Schönheit gerade darin liegt! Sie haben Ihre Frage schon selbst beantwortet, und in dieser Hinsicht stimme ich Ihnen zu: Nur Verrückte können glauben, dass der allmächtige Gott seinen geliebten Sohn zu einer qualvollen Strafe hingab."

Es gibt eine Weisheit, die man mit Worten nicht erklären kann. Goethes Faust drückt es so aus: „*Geheimnisvoll am lichten Tag lässt sich Natur des Schleiers nicht berauben, und was sie deinem Geist nicht offenbaren mag, das zwingst du ihr nicht ab mit Hebeln und mit Schrauben.*" Es gibt ein anderes, ein geistliches Wissen, das wir vom Heiligen Geist empfangen. „*Jeder, der die Begegnung mit dem Ewigen sucht, findet Gott in der inneren Verbundenheit mit Christus*" *(Alexander Men).*

Einerseits ist es ganz leicht, sich Christus zuzuwenden, denn er ist immer in unserer Nähe und wartet auf uns, aber andererseits ist es auch schwer, weil unser stolzer Verstand dieses Einfache nicht annehmen will. Jemand hat einmal richtig bemerkt, dass der Glaube das Größte und gleichzeitig das Schwierigste von allen Dingen ist. Der gekreuzigte Christus ist für die einen eine „Torheit" und einfach nur „Schwachsinn", aber für die anderen eine „Gotteskraft".

2

Saat und Ernte

Mit Blumen in der Hand und bespucktem Gesicht

Einmal stand ich mit einer schönen Bibelausgabe in der Hand in Moskau auf dem Platz der drei Bahnhöfe. Obwohl es nieselte, standen viele Menschen um mich herum. Da kam ein junger Mann mit zerzausten Haaren auf mich zu, schlug mir auf die Hand, und die Bibel fiel in die Pfütze. Die Leute schrien nur entsetzt, und der junge Mann lief davon. Ich hob die Bibel wieder auf, trocknete sie an meinem Mantel ab und hielt sie wieder hoch über meinen Kopf. Da kam plötzlich ein anderer Mann auf mich zu, der auch ziemlich zerzaust aussah. Ich drückte die Bibel fest an meine Brust, aber er sagte: „Ich möchte die Bibel küssen." Ich hielt sie ihm hin, er kniete sich in dieselbe Pfütze, bekreuzigte sich und berührte die Bibel ehrerbietig mit seinen Lippen und seiner Stirn.

So ist in unserem Leben oft das Große neben dem Niedrigen zu finden, und selbst in der kleinen Seele eines Menschen existiert beides Seite an Seite, wie es der Dichter Nadson ausdrückte: „Mein Herz ist in den Bergen, doch ich selbst bin hier unten." Es ist doch erstaunlich, dass ein Buch bei den einen Hass hervorruft und bei den anderen Liebe. Das eine Leben spendende Nass bewirkt sowohl eine Verstärkung der heilenden Eigenschaften der Heilpflanzen als auch eine Intensivierung der Giftigkeit bei Giftpflanzen. Ein und dieselbe Wolke bedeutete für die Juden Licht, aber für die Ägypter Finsternis. Ein und dasselbe Meer war für die einen die Rettung, aber für die anderen der Untergang. – So wird es in dieser Welt auch immer mit der Bibel und Jesus Christus sein.

Einmal fuhr ich spät abends in der Metro. In meinem Waggon saßen nur noch vier Menschen: ich an dem einen Ende der langen Bank, ein betrunkener Mann am anderen und uns gegenüber noch ein Betrunkener, der an der Schulter einer Frau mit sehr traurig aussehenden Augen schlief. Sie tat mir auf einmal so Leid. Ich nahm ein Traktat aus der Tasche und hielt es ihr hin. Sie nahm es schweigend an. Seltsamerweise wachte der Betrunkene an ihrer Schulter sofort auf und fragte sie: „Was ist das?", worauf sie antwortete: „Wahrscheinlich etwas über Gott."

Der Mann nahm ihr das Traktat aus der Hand, zerriss es und warf es mir vor die Füße. Woher wusste er, dass die Schrift von mir war, wenn er gerade noch geschlafen hatte? Keine Frage: Der Satan hatte es ihm eingeflüstert, und der hatte ihn auch geweckt.

Der andere Betrunkene, der mit mir auf der Bank saß, fragte mich: „Warum hat er das Papier zerrissen, was steht denn da drin?" Ich hob die Schnipsel vom Boden auf und sagte: „Etwas über Gott." Da sprang der Mann auf und fuhr den anderen mit geballter Faust an: „Du Schurke, du! Das ist doch über Gott, wie konntest du das tun? Ein Scheusal bist du, dass du Gott zerreißt und auf den Boden schmeißt!"

Zum Glück nahm alles ein gutes Ende, aber ich musste später noch viel über diese Begebenheit nachdenken; sie war wie ein Zeichen für mich, durch das Gott mir vieles klar gemacht hat... Ein Streit zwischen zwei Betrunkenen um ein Traktat, eine Botschaft von Christus. In diesem Kampf spiegelt sich für mich so deutlich unsere ganze Welt wider, die wie in einem Rausch der Trunkenheit lebt. Die beiden Verbrecher, die rechts und links von Christus gekreuzigt wurden, sind ebenso ein Bild für diese Welt: der eine ist für Christus, der andere gegen ihn. „Dieser ist gesetzt zum Fall und zum Aufstehen für viele... und zu einem Zeichen, dem widersprochen wird..." (Luk. 2,34). – „... *Ebenso verhält es sich mit dem Herzen der Menschen; die einen führt Gottes Barmherzigkeit zur Buße, die anderen bringt sie gegen ihn auf und bestärkt sie in ihrer Bosheit" (Augustinus).*

Noch ein ähnliches Beispiel erlebte ich, als wir mit der ganzen Gemeinde in einen Vorort von Moskau zur Taufe fuhren. Während der Fahrt in der Elektritschka[17] predigten wir. Eine zu Tränen gerührte Frau bedankte sich bei uns und schenkte uns einen großen Blumenstrauß, den sie wohl von der Datscha mitgebracht hatte. – Einige Zeit später trat ein Mann auf mich zu und spuckte mir ins Gesicht. Mit der Bibel in der einen und

---

[17] Zug, der in die Vororte und Nahgebiete der russischen Großstädte fährt.

den Blumen in der anderen Hand stand ich da mit einem bespuckten Gesicht, und die Gemeinde schaute mich an. Zwar versteht man das erst später, aber gerade solche Augenblicke zählen im Nachhinein zu den glücklichen im Leben.

Damals lief Galja Sawitsch (eine Frau aus der Gemeinde) diesem Mann hinterher und sagte: „Sie fluchen uns zwar, aber wir segnen Sie." Und sie bekräftigte ihre Worte, indem sie ihm noch einmal hinterher rief: „Denken Sie daran: Sie sind gesegnet!" Bestimmt waren diese „feurigen Kohlen" auf seinem Haupt für den Mann recht unangenehm, erwartet man in einer solchen Situation doch normalerweise alle möglichen Schimpfwörter und keine Segenswünsche. Gebe Gott, dass dem Mann diese Worte eines Tages wieder einfallen, denn Menschen, die einen solchen Hass auf Gott in sich tragen, tun anderen, aber vor allem sich selbst, viel Böses an. Sie sind wie Bienen, die mit ihrem Stachel anderen Schmerz zufügen, aber sich selbst am meisten schaden, weil sie dabei sterben. *„Niemand verliert dich [Herr], außer denen, die dich verlassen. Und wohin gehen und fliehen sie dann, wenn sie dich verlassen haben? Nur von dir, dem Barmherzigen, zu dir, dem Zornigen" (Augustinus).*

Vor einigen Jahren organisierte meine Schwägerin in Usbekistan auf einem Markt eine Bibliothek mit christlicher Literatur. Es kamen damals viele Leute zu ihr und bedankten sich für die Bücher. Einmal aber kam ein wütender Usbeke und begann zu schreien: „Warum verkündigst du uns hier Christus?" Und er schlug sie dabei, und zwar so sehr, dass sie einen Zahn verlor. Die Bücher warf er ins Wasser, so dass sie nass wurden.

Einige Zeit später suchte er meine Schwägerin auf und entschuldigte sich mit den Worten: „Sie erinnern sich bestimmt noch an mich, ich habe Ihnen den Zahn ausgeschlagen, und als Sie hinfielen, habe ich aus Ihrer Tasche vierzig Rubel gestohlen. Ich habe alles meinem Onkel erzählt, der ein Mullah ist, und ich war stolz darauf, den Islam auf diese Weise verteidigt zu haben. Aber er sagte zu mir: ‚Du hast Böses getan, so verteidigt nur der Satan den Islam. Geh zu der Frau und gib ihr das Geld zurück. Und bitte sie, dir ihre Bücher auszuleihen. Lies sie, das wird dir nicht schaden. Vielleicht wirst du dadurch etwas klüger, und dann vergibt Allah dir vielleicht.'" Meine Schwägerin teilte ihre Freude mit mir: „Ich habe mich so über das Gespräch mit diesem Usbeken gefreut. Wenn alle Menschen so zu Christus finden würden, täte es mir auch um die anderen Zähne nicht Leid."

Als unsere suchenden Seelen verunstaltet wurden

Bei der Verkündigung auf der Straße habe ich alles Mögliche erlebt: Boshaftigkeit ebenso wie Dankbarkeit. Als wir einmal in der Metrostation „Leninbibliothek" predigten, wo wir unter dem Mosaik des „ewig lebendigen Wladimir Iljitsch" [Lenin] standen, legten Leute einen großen Brautstrauß vor unseren Füßen nieder. Offenbar war jemandem das Geld für Blumen nicht zu schade, als er dieses Wunder sah: Derjenige, der einmal die Gotteshäuser zerstören und die Gläubigen umbringen ließ, schaute nun völlig hilflos von seinem Mosaik auf uns herab und hörte das ewige Wort unseres Herrn Jesus Christus!

Es war eine schreckliche und tragische Zeit, als unsere suchenden Seelen durch die Gottlosigkeit verunstaltet wurden. Schon im 17. Jahrhundert schrieb der englische Philosoph Francis Bacon: *„Der Atheismus ist ein dünnes Eis, das wohl ein Einzelner überschreitet, aber ein ganzes Volk versinkt dabei in der Tiefe."* Der Mensch sucht nach einem bleibenden Sinn für sein Leben, nach einem Sinn, der nicht dem Tod unterliegt. Alle Menschen stellen sich diese drängende Frage, die sich auch der junge Mann am Ufer des Meeres in dem berühmten Gedicht Heines stellte:

O löst mir das Rätsel des Lebens,
Das qualvoll uralte Rätsel ...
Sagt mir, was bedeutet der Mensch?
Woher ist er kommen, wo geht er hin?
Wer wohnt dort oben auf goldenen Sternen?

Gott ist das Endziel und der Sinn allen Suchens des Menschen und aller seiner Träume. Mir ist aufgefallen, dass fast alle der vielen sehr unterschiedlichen Menschen, mit denen ich über dieses Thema spreche, dieselbe Antwort geben: „Ohne Glauben kann man nicht leben, an irgendetwas muss man schon glauben." Der Mensch ist seiner Natur nach ein religiöses Wesen, und man kann ihm seinen Glauben nicht rauben.

Aber es gibt auch einen falschen Glauben. Im Römischen Reich zum Beispiel trug der Imperator einen göttlichen Titel, und vor seinem Bildnis wurde das Weihrauchfass geschwenkt wie vor einem Bildnis Gottes. Die Christen mussten damals sterben, wenn sie sich weigerten, dies zu tun.

Vor gar nicht langer Zeit gab es auch bei uns solch einen Irrglauben. Wir hatten auch unsere „Heilige Dreieinigkeit" – Marx, Engels und Lenin – und unseren Himmel – die helle, strahlende Zukunft des Kommunismus; unsere Erlösung von allem Übel war der wissenschaftlich-technische Fortschritt. In unseren Liedern sangen wir, dass wir nur an uns selbst, an unsere eigene, menschliche Kraft glaubten, wie es in der bekannten Hymne heißt: „Niemand kann uns erlösen, kein Gott, kein Zar und auch kein Held. Wir schaffen es aus eigener Kraft, uns selber zu befreien." Und wir haben es auch „geschafft": An die Macht kam ein totalitäres Regime.

Ich erinnere mich noch gut daran, wie wir zur Sowjetzeit mit Wladimir Iljitsch „infiziert" wurden. Ein Jahr lang gab ich in einer Ganztagsschule Förderunterricht für eine Gruppe von Kindern mit Lernschwierigkeiten. Ich führte sie in die Bibliothek und sagte: „Hier, Kinder, ist die Bibliothek. Hier gibt es viele Regale mit lauter Büchern, und eins davon wollen wir jetzt lesen. Es heißt ‚Das Mailied' und ist von Wladimir Majakowskij."

Ich habe den Titel des Buches und den Namen des Autors mindestens zehnmal wiederholt, aber als ich die Kinder fragte: „Wie heißt dieses Buch?", schwiegen sie nur. Ich sagte: „Mai-..." und sie: „...-lied!" Dann fragte ich: „Und wer hat es geschrieben?" Schweigen. „Wla-di-mir...", sagte ich ihnen vor, worauf sie alle laut im Chor riefen: „... Iljitsch!" – Solch einen Einfluss hatte damals dieser Iljitsch auf unser Leben! Es hätte ein beliebiger Wladimir kommen können, er wäre von den armen Kindern begeistert als Wladimir Iljitsch Lenin begrüßt worden.

Um zu predigen, gingen wir oft zum Leninmausoleum. Dort sprachen wir die Menschen etwa so an: „Hier liegt der, von dem wir schon im Kindergarten gesungen haben: ‚Lenin lebte, Lenin lebt und Lenin wird leben.' Siebzig Jahre lang haben wir einen Toten wie einen Lebendigen behandelt. Doch alles war letztlich Betrug und eine große Sünde vor Gott. Jetzt müssen wir auf den schauen, der wirklich lebt, dessen Grab leer ist. Er ist auferstanden, und er ist der Einzige, der immer lebte, heute lebt und ewig leben wird, denn er ist Christus, der Sohn Gottes! – Oder denken Sie an das andere Lied, das wir alle sehr gut kennen: ‚Lenin lebt immer, Lenin ist immer bei dir, Lenin ist in dir und in mir.' – Das war doch auch eine Lüge, die sich durch unser ganzes Leben zog und es überschattete. Allein Jesus Christus lebt immer, er ist immer bei Ihnen, und er kann in uns leben. Er hat es selbst gesagt: ‚Bleibt in mir und ich in euch.'"

Der Kreuzweg im Herzen Moskaus

Wir versuchten, die Menschen auf die vielen christlichen Symbole hinzuweisen, die direkt im Herzen Moskaus verewigt sind. Der Rote Platz war ja ursprünglich als ein „Modell" des Kreuzweges Jesu nach Golgatha geplant. Um den Pilgern die Reise ins entfernte Heilige Land, Palästina, zu ersparen, entschloss man sich, ein Golgatha in Russland, mitten in Moskau zu schaffen. Alle Bezeichnungen hier weisen auf das Christentum hin: Am Platz des heutigen Tores neben dem Historischen Museum befanden sich das „Auferstehungstor" und die „Auferstehungskirche", die an die Auferstehung Jesu erinnern sollten, und der Hauptturm des Kreml mit der Turmuhr hieß sogar zur Sowjetzeit „Spasskaja". Aber dass dieses Wort direkt mit dem russischen Wort „Spassitel" („Erlöser") zusammenhängt, hat man uns immer tunlichst verschwiegen. Schon im 20. Jahrhundert spielte die Turmuhr des „Spasskaja-Turms" die inoffizielle Hymne des russischen Reiches: „Wenn unser Herr in Zion gerühmt wird". Dieses Lied des Komponisten D. S. Bortnjanskij zum Text des Dichters M. M. Cheraskow kennt und singt man in der ganzen Welt.

Die Bezeichnung des „Lobnoje mjesto" („Stirnplatz") auf dem Roten Platz stammt von dem Wort „lob" („Stirn"), was auf „Schädel" hinweist, und „Schädelstätte" ist auch die Bedeutung des Wortes „Golgatha". Die Fremdenführer stellten den Touristen diesen Platz als Ort vor, an dem die Strelitzen[18] hingerichtet wurden. Aber in der gesamten Geschichte fand auf dem „Stirn-

---

[18] Russisch „Strelzy": „Schützen", eine in Russland im 16. Jahrhundert geschaffene Truppe, die u. a. als Leibwache des Zaren eingesetzt wurde. Nach ihrem Aufstand von 1698 ließ Peter der Große über 1000 Strelitzen hinrichten.

platz" nur eine einzige Hinrichtung statt. Sonst wurden dort die Erlasse und Anordnungen der Zaren verkündet.

Dieser Platz erinnerte an Golgatha, wo unser König und Leidensmann, der „Mann der Schmerzen", seinen qualvollen Tod erlitt. Dass sich der „Stirnplatz" außerhalb des Kremls befindet, hinter der Kremlmauer, ist kein Zufall, da auch Jesus „draußen vor dem Tor" (Jerusalems) starb.

Einmal im Jahr, am Palmsonntag, führte der Zar vom „Auferstehungstor" zum „Stirnplatz" ein Pferd an der Leine, auf welchem der Patriarch saß, der Jesus Christus symbolisieren sollte, und die Leute breiteten Weidenzweige auf dieser Wegstrecke aus. Damals wusste das Volk noch sehr gut, was dies alles zu bedeuten hatte.

In der Nähe des „Stirnplatzes" befindet sich eine außergewöhnlich schöne Kirche. Sie wurde im 16. Jahrhundert anlässlich der Unterwerfung des Khanats Kasan gebaut und „Pokrowskij Ssobor" [Mariä-Schutz-Kirche, auch bekannt unter „Basilius-Kathedrale"] genannt. Doch das Volk gab dieser Kirche den Namen von Wassilij Blaschennyj, zum Gedenken an den Schwachsinnigen, der selbst dem Zaren die Wahrheit zu sagen wagte. Dies spiegelt die tiefe Wahrheit wider, dass in der Welt nicht die Zaren und Könige die Wichtigen sind, nicht diejenigen, die Völker erobern und sich untertan machen, sondern die den Menschen die Wahrheit sagen, wie es auch in der Bibel heißt: „Selig sind, die um der Gerechtigkeit willen verfolgt werden; denn ihrer ist das Himmelreich" (Matth. 5,10).

Napoleon, der viele Völker besiegte, verlor am Ende alle seine Macht und allen Ruhm. Er wurde auf die Insel Sankt Helena verbannt, wo er Zeit hatte, um über sein Leben und seine Siege nachzudenken, und wo er sich Christus zuwandte. Er beugte sich unter diesen armen Zimmermann aus Nazareth, der ohne Waffen und Macht mehr Menschen eroberte als Napoleon mit aller seiner Macht und Stärke.

Der Historiker Philip Schaff schrieb: *„Jesus Christus eroberte ohne Geld und Waffen mehr Menschen als Alexander der Große, Cäsar, Napoleon usw. Ohne eine Ausbildung und ohne die Wissenschaften studiert zu haben, warf er mehr Licht auf die menschlichen und göttlichen Dinge als alle Philosophen und Wissenschaftler zusammen. Ohne die Kunst des Redens erlernt zu haben, sprach* *er über das Leben wie kein anderer vor ihm. Kein Redner und kein Dichter hatte je solchen Erfolg wie Jesus. Ohne je selbst eine Zeile geschrieben zu haben, brachte er mehr Menschen zum Schreiben und lieferte mehr Themen für Predigten, Gebete, Diskussionen, Kunstwerke, wissenschaftliche Arbeiten und Loblieder als die gesamte Truppe der Großen von alters her bis heute. Der in einer Krippe Geborene und wie ein Verbrecher Gekreuzigte entscheidet heute über das Schicksal von Menschen der zivilisierten Welt und bestimmt das geistliche Leben von einem Drittel der Menschen unserer Erde.“*

Wie es zum Antisemitismus in Russland kam

Noch abschließend zum Roten Platz sollte man sagen, dass dieser ursprünglich als Platz einer heiligen Welt geplant war: Hier gab es Golgatha, die Freiheit, ewiges Leben und Liebe – alles ganz anschaulich. Aber warum wurde all dies mit Füßen getreten und vergessen? Weil „Russland zwar getauft, aber nicht aufgeklärt und nie erleuchtet wurde“. Und so wurde zwar „schnell angespannt, aber langsam gefahren“. Deshalb trugen viele Russen, umgeben von symbolischen Bildern für Jerusalem, einen Hass gegen das Alte Testament, das Heilige Land und gegen die Juden in sich. Manche sagen zum Beispiel, dass Jesus Christus keinerlei Beziehung zu Israel habe, andere sind der Meinung, man sollte die Bibel nicht lesen, weil sie von Juden geschrieben wurde.

Ein gläubiger Bruder erzählte einmal, wie er im Zug einem Mitreisenden ein Neues Testament gab. Der blätterte lange darin herum und sagte schließlich: „Hier gibt es Briefe an alle möglichen Völker: die Römer, die Epheser, die Kolosser und sogar an die Juden[19], aber keinen an die Russen! So etwas lese ich nicht!“

In Wirklichkeit sind ja die neutestamentlichen Briefe nicht an bestimmte Völker gerichtet, sondern an die Bewohner unterschiedlicher Städte und Provinzen. Auch der Brief an die Hebräer ist eigentlich kein Brief an die Juden als Volk, sondern an jene Juden, die an Christus gläubig wurden.

Einmal sah ich, wie sich der Künstler Ilja Glasunow, dessen

---

[19] Gemeint ist der Hebräerbrief. Im Russischen ist die Bezeichnung für „Hebräer“ und „Juden“ identisch.

Ausstellungen in der „Manege“[20] immer sehr gut besucht sind, zu uns stellte, um unserer Predigt zuzuhören. Von Glasunow stammt das berühmte Gemälde, das die gesamte Geschichte Russlands mit seinen Helden, Zaren und politischen wie militärischen Führern darstellt und in dessen Zentrum über ihnen allen Jesus am Kreuz abgebildet ist. Er hörte sich die Predigt bis zum Ende an und schlug uns dann vor, dasselbe in der Akademie der Künste vorzutragen, doch er fügte hinzu: „Es muss aber alles orthodox sein.“

Ein Jahr später traf ich ihn wieder auf dem Arbat. Da schimpfte er über die Bibelgesellschaft: „Das ist eine jüdisch-freimaurerische Vereinigung, alles Üble haben wir denen zu verdanken!“ – Anscheinend ist etwas Wahres dran an der Bemerkung über die russische Intelligenz, sie glaube morgens an Nietzsche, mittags an Marx und abends an Jesus Christus.

John Powell schreibt in seinem Buch *„Why am I afraid to love?“ („Warum habe ich Angst zu lieben?“)* über die Lebensgeschichte von Michael Gold, einem amerikanischen Jungen jüdischer Abstammung: *„Er war von einer Gruppe etwas älterer Jungen umringt, die ihn fragten: ‚He, Bengel, bist du nicht auch ein Jude?... Ihr Juden habt doch Christus gekreuzigt. Du befindest dich jetzt auf christlichem Gebiet, hier sind alle Christen! Wir zeigen dir schon, wo dein Platz ist!‘ Und sie begannen, auf Michael einzudreschen, schlugen ihm das Gesicht blutig, zerrissen ihm die Kleidung und jagten ihn nach Hause, wobei sie ihm hinterher riefen: ‚Wir sind Christen, aber ihr habt Jesus Christus gekreuzigt! Geh hin, wo du hingehörst! Wir hier sind Christen, aber ihr habt Jesus gekreuzigt!‘*

Als Michael nach Hause kam, fragte ihn seine erschrockene Mutter: ‚Michael, was ist denn passiert?‘ Er schmiegte sich an seine Mutter und brachte mit seinem blutverschmierten Mund nur mühsam hervor: ‚Mutti, wer ist Jesus Christus?‘“

Schon alt geworden, bekam Michael Gold in einem katholischen, von Dorothy Day geleiteten Wohltätigkeitsheim regelmäßig zu essen. Sie sagte einmal über ihn: *„Michael Gold isst jeden Tag am Tisch des Herrn zu Mittag, aber er wird ihn wohl niemals annehmen, da es diesen Tag gegeben hat, an dem er seinen Namen zum ersten Mal hörte.“* Liest man diese Geschichte, kann

---

20 Ein Ausstellungsgebäude im Zentrum Moskaus.

man argumentieren, es waren eben Kinder, von denen man nicht viel erwarten kann. Doch schließlich haben diese Kinder von erwachsenen, Verantwortung tragenden Menschen gelernt, Juden zu hassen.

Eine Zeit lang machte mir ein älterer Mann auf dem Arbat das Leben schwer: Wenn wir predigten, ging er an uns vorbei und rief: „Hört nicht auf sie, sie ist eine Jüdin!" Und so ging es jeden Tag. Ich gab jedes Mal zur Antwort: „Ich bin keine Jüdin, sondern Tadschikin!" Doch dann dachte ich: „Warum soll ich mich verteidigen?" Und je mehr Hass ich in meiner Umgebung gegenüber den Juden bemerkte, um so größer wurde in mir der Wunsch, sie in Schutz zu nehmen. Unser Herr hat gesagt: „Segnet, die euch fluchen..." So begann ich, für diesen älteren Mann zu beten, und Gott half mir dabei.

Dann besuchte uns Werner Gitt, Direktor bei der Physikalisch-Technischen Bundesanstalt in Braunschweig, der zwei Bücher über die Existenz Gottes geschrieben hat, die wir auf dem Arbat an Passanten verteilten. Als schon keine Bücher mehr übrig waren, kam dieser Mann und fragte alle Leute, wo sie die Bücher her hätten. Mich sah er nicht. Da bat ich Werner Gitt um die letzten beiden Reserve-Exemplare, ging zu dem Mann und gab sie ihm. Sein Gesicht strahlte, als er die Bücher sah, aber als er aufblickte und begriff, wer sie ihm gegeben hatte, blickte er sehr finster drein. Er riss die Bücher an sich und war im Nu verschwunden. Danach ließ er mich auf dem Arbat in Ruhe, und – wer weiß – vielleicht hat er durch diese Begebenheit zu Gott gefunden.

Zur Zeit oder zur Unzeit – für Stadion und Stockwerk

Gott möchte, dass wir die Frohe Botschaft zu jeder Zeit verkündigen: „Stehe dazu, predige das Wort, es sei zur Zeit oder zur Unzeit" (2. Tim. 4,2).

Der englische Schriftsteller J. R. Kipling erinnerte sich, wie während einer Weltreise per Schiff General William Booth, der Gründer der Heilsarmee, an Bord des Schiffes erschien. Er wurde von einer Gruppe Mitglieder dieser Organisation begleitet, die auf Tamburine und Trommeln schlugen. Solch ein Verhalten verdross den nörglerischen Kipling, und er sagte das dem General. – „Lieber junger Mann", antwortete Booth, „wenn ich auch nur eine Seele für Christus gewinnen könnte, indem ich Kopfstand machte und mit den Füßen auf dem Tamburin spielte, würde ich mir auch das noch beibringen."

Selbst die unbedeutendsten Erwähnungen über Gott können mit der Zeit Menschen verändern, die dem Glauben völlig gleichgültig gegenüberstanden. Mein ehemaliger Nachbar war ein verschlossener und nicht sehr gesprächiger Mensch. Als ich ihm ein paar Worte von Jesus Christus sagte, äußerte er sich überheblich und verächtlich über Gott. Ich wünschte ihm trotzdem jedes Mal Gottes Segen, wenn ich ihn im Treppenhaus traf.

Er war beim Militär und arbeitete in einem Konstruktionsbüro, in dem Militärflugzeuge entwickelt wurden. Schon zur Sowjetzeit reiste er durch die ganze Welt, war oft in Amerika, verdiente natürlich sehr gut und hatte viele Privilegien, von denen wir zu jener Zeit nicht zu träumen wagten. Solche Menschen sind es gewohnt, sich nur auf menschliche Kraft und Macht zu verlassen, besonders auf sich selbst. Die Worte des Evangeliums „meine Kraft ist in den Schwachen mächtig" sind für sie völlig unverständlich und befremdend.

Dabei ist die Kraft des Heiligen Geistes in den Gläubigen in Wirklichkeit wie ein Wirbelsturm, der eine solche Gewalt besitzt, dass ein Stahlblech von einem morschen Ast durchschlagen werden kann. Als der berühmte, an Parkinson erkrankte amerikanische Prediger Billy Graham in Moskau predigte, bezeugte auch die seit fünfundzwanzig Jahren an den Rollstuhl gefesselte Joni Eareckson ihren Glauben, und sie wurde von dem fast erblindeten Oleg Schewkun gedolmetscht. Diese drei behinderten Menschen versammelten im Olympiastadion von Moskau eine Zuhörerschaft von siebzigtausend Gesunden. Im Saal gab es keinen freien Platz mehr, draußen waren Leinwände aufgestellt, vor denen Tausende von Menschen im kalten Oktoberregen standen und die Predigt von Christus hörten. – So ist „die Kraft Gottes in den Schwachen mächtig!"

Doch zurück zu meinem Nachbarn. Als die Sowjetmacht zusammenbrach, war es auch für viele Bessergestellte vorbei. Mein Nachbar wurde arbeitslos und hatte auf alle eine Wut, auch auf Gott. Am Silvesterabend schenkte ich ihm eine Bibel. Ich dachte, dass er sie nicht ablehnen würde, da es in Russland üblich ist, sich zum Jahreswechsel etwas zu schenken. Ich legte ein Lesezeichen in das Buch der Sprüche Salomos und sagte ihm, dass diese Sprüche hilfreich für die zwischenmenschlichen Beziehungen seien und uns klarmachten, was die Menschen beschäftige, welche geheimen Gedanken, Wünsche und Taten sie hätten und vieles mehr.

Oft finden Ungläubige Gefallen am Buch der Sprüche. Sie wundern sich darüber, wie einfach, genau und sehr scharf dort alle unsere Lebenswahrheiten beschrieben werden. Ich erinnere mich, wie man uns vor etwa zehn Jahren in nur einer Nacht – alle wichtigen Ereignisse fanden in unserem Land nachts statt, wenn das geplagte Volk schlief – sämtlicher Hundert-Rubel-Scheine entledigte. Als wir morgens aufwachten, war eine Geldreform durchgeführt worden, und man hatte das Volk einfach beraubt. Einige Zeit später verlor das gesamte Guthaben auf den Sparbüchern seinen Wert. Damals las ich meinen Verwandten aus dem 23. Kapitel des Buches der Sprüche Salomos vor: „Bemühe dich nicht, reich zu werden; da spare deine Klugheit! Du richtest deine Augen auf Reichtum, und er ist nicht mehr da; denn er macht sich Flügel wie ein Adler und fliegt gen Himmel."

Mein Bruder amüsierte sich damals über die Wahrhaftigkeit dieser Worte. Sein Geld hatte sich auch „Flügel gemacht" und war wie ein Adler davongeflogen. Die einen lachten, weil da nichts zu machen war, aber andere sind in dieser Situation verrückt geworden. Solche Fälle hat es auch gegeben. Mir wurde erzählt, wie ein alter Mann den ganzen Tag in Panik über den Markt lief und den Leuten anbot, ihm seine Hundert-Rubel-Scheine wenigstens für einen Rubel abzukaufen. Aber diese geschätzten roten Scheinchen, für die man noch gestern einen ganzen Monat arbeiten musste, waren heute nichts mehr wert. Der Mann warf schließlich sein Geld in den Müllcontainer, ging nach Hause und erhängte sich.

Ich schenkte meinem Nachbarn also eine Bibel. Ein Jahr später tauschte ich meine Wohnung und zog in einen anderen Stadtteil. Von dem Nachbarn verabschiedete ich mich nicht, denn er war damals nicht zu Hause. Doch ein halbes Jahr später brachte er meine Telefonnummer in Erfahrung und rief mich an, und zwar nur, um sich für die Bibel zu bedanken. Er hatte wirklich im Buch der Sprüche angefangen zu lesen, zuerst sehr zaghaft, doch dann fand er solchen Gefallen daran, dass er weiterlas. Jetzt hing er mit ganzem Herzen an der Bibel. Aber vor allem hatte er den heilsamen Einfluss dieses Buches auf sein Leben entdeckt. Inzwischen unterhalten wir uns am Telefon manchmal über Gottes Wort, und ich bemerke eine solche Veränderung an ihm, dass ich es kaum glauben kann.

In der neuen Wohnung lebe ich nun schon drei Jahre, und es kommt sogar vor, dass ich den Leuten im Fahrstuhl etwas von meinem Glauben erzähle, wenn gefragt wird: „In welchen Stock fahren Sie?" Es gibt im Leben immer eine Gelegenheit, die Rede auf den Glauben zu bringen, auch bei den Zahlen. Bis zum zweiten Stock gehen die Leute meistens zu Fuß.

Die Ziffer „Drei" ist bei den Russen besonders beliebt, wie auch das Sprichwort besagt: „Aller guten Dinge sind drei." – Bei „vier" kann man an die vier Himmelsrichtungen oder die vier Elemente denken oder auch an die vier Evangelisten, die uns die Frohe Botschaft von Christus weitergaben. Die Zahl „Fünf" erinnert an die fünf Bücher Mose, in denen die Zehn Gebote enthalten sind, die niemand je vollkommen erfüllt hat, außer Christus. Über die Zahl „Sechs" kommt man besonders gut ins Gespräch: In sechs Tagen hat Gott die Welt erschaffen. Und mit „sieben" geht es noch besser: Am siebten Tag hatte Gott alles vollendet, und er hat uns befohlen, an diesem Tag so zu leben, dass er geheiligt wird, dann wird auch in unserer Seele Harmonie und Ordnung herrschen. Nach der „Sieben", die dem letzten Wochentag entspricht, kommt die „Acht", die den Anfang der neuen Woche bezeichnet, ein Bild für den Beginn neuen Lebens. Nach dem irdischen Leben fängt für jeden Menschen ein anderes, nämlich das ewige Leben an. Am Ende dieser Welt steht die Wiederkunft Christi, und das Reich Gottes beginnt, in dem alles ganz anders sein wird als hier. Dort wird es keine Krankheiten, keinen Tod und keine Tränen mehr geben.

Übrigens habe ich bemerkt, dass die Menschen bei uns das Mystische lieben. Alles Ungewöhnliche erweckt ihre Neugier, besonders wenn es sie persönlich betrifft. Deshalb hören sie interessiert zu, wenn man ihnen etwas zu ihrem Stockwerk erzählt, und ich freue mich, dass ich einen Anknüpfungspunkt habe, um meinen Glauben zu bezeugen.

Vor ein paar Tagen besuchte mich mein unter mir wohnender Nachbar, ein ehemaliger KGB-Mitarbeiter, der jetzt beim Föderalen Sicherheitsdienst arbeitet. Ich habe Glück mit meinen „militärischen" Nachbarn, aber er ist der Erste, der mein Zeugnis von Christus sofort annahm, und nun kam er, um sich ein Neues Testament abzuholen. Wir saßen etwa zwei Stunden beieinander und tranken Tee. Ich sang ihm Lieder über Jesus vor, die ihm sehr gefielen und die er sich abschrieb. Ich merkte, dass er innerlich bewegt war.

Doch seinen Nachbarn, der mit ihm auf der Etage wohnt und ein Geistlicher ist, scheute er sich nicht zu kritisieren. Dabei konnte er selbst nicht genau erklären, weswegen. „Es ist einfach so", sagte er, „dass mir immer der ganze Tag danebengeht und jedes Mal etwas passiert, wenn ich ihn getroffen habe. Deshalb schaue ich jetzt, bevor ich die Wohnung verlasse, immer zuerst durch den Spion, ob der Pfaffe da ist. Im Fahrstuhl fahre ich mit ihm grundsätzlich nicht mehr. So wohne ich also neben einem Pfaffen, aber angenehm finde ich das nicht."

Ich sagte ihm: „Das liegt keinesfalls an dem Geistlichen, sondern an Ihnen und an Ihrer Beziehung zu Gott. Die Seele aller Probleme ist ein Problem der Seele." Mein Nachbar hörte mir aufmerksam zu und versprach, sich zu bemühen, in Zukunft etwas positiver über den Geistlichen zu denken und – vor allem – die Bibel zu lesen.

Erfreulich ist, dass auch der Pförtner an unserem Hauseingang fragend ist, und er sucht jetzt schon immer selbst einen Anlass, um mit mir über den Glauben zu sprechen. Auch freue ich mich über eine Anstreicherin, die unseren Hauseingang gestrichen hat. Gerade gestern habe ich ihr ein Johannes-Evangelium geschenkt, und heute sagte sie mir schon, sie sei erst spät in der Nacht eingeschlafen, nachdem sie es ganz durchgelesen hatte.

Wer ist mein Nächster? –
Von Trinkern, Pennern und Prostituierten

Im Moment bete ich für die Alkoholiker, die sich in unserem Haus eingenistet haben. Denen geht es gut bei uns in Russland! Tag und Nacht machen sie Radau, benutzen Schimpfwörter, grölen herum und prügeln sich. Und dabei sind das Kinder von

„hohen Tieren", von Eltern, die in der Regierung sitzen. Überall sieht man bei uns Betrunkene: Fast in jedem Haus gibt es sie, und im ganzen Land schüttet man sich hemmungslos mit Wodka zu.

Vor einiger Zeit erzählte mir die Schauspielerin Lena Denissowa von ihrem trunksüchtigen Nachbarn, der sie immer wieder „unter Wasser setzte", da er im betrunkenen Zustand vergaß, den Wasserhahn im Badezimmer abzudrehen, so dass es ständig durch die Decke tropfte. Anfangs hat sie sich oft mit ihm gestritten, aber als sie gläubig wurde, ging sie zu ihm, bat um Verzeihung, freundete sich mit seiner Frau an und lud sie in die Gemeinde ein. Dieser Mann hat zwei Hochschulausbildungen, aber durch den Alkohol ist er so degradiert, dass sein ganzes Vokabular am Ende nur noch aus drei Wörtern bestand: „Jetzt ist Schluss!" Auf jede Frage oder Bemerkung reagierte er mit: „Jetzt ist Schluss!" Als in der Gemeinde einmal dazu aufgerufen wurde, sich zu bekehren, ging dieser Mann nach vorn, weinte heftig, und danach begann er wieder, normal zu sprechen. Später erinnerte er sich: „Nach dem Gebet fühlte ich mich auf einmal so wohl. Ich spürte solch eine Wärme und Freude wie damals, als ich noch ein Kind war."

In unserer Gemeinde gab es ähnliche Fälle. Sergej, der sich selbst einen „Allunions-Säufer" nannte, kippte sich früher dermaßen zu, dass er im Delirium Traktoren und Bulldozer sah, die in seine Wohnung fuhren und ihn von einer Ecke in die andere scheuchten. Er hat sich dann bekehrt und auch seinen Freund Mischa mit in die Gemeinde gebracht, mit dem er früher so viel getrunken hatte, dass beide eine Woche lang nicht unter dem Tisch hervorkamen: „Die Teufel ließen sie nicht los."

Die beiden, von denen einer studiert hat, waren nach Moskau gekommen, um Geld zu verdienen. Sie fanden Arbeit auf einer Baustelle und wohnten in einem Wohnheim. In diesem Wohnheim vertranken sie alles, denn dort trank jeder. Ich habe dieses Wohnheim besucht – ein furchtbares Bild: Angefangen vom Pförtner sind alle betrunken. Als ich ins Zimmer trat, sah ich drei Betten. Auf zweien davon lagen Männer im Alter zwischen fünfunddreißig und vierzig Jahren mit glasigen Augen. Mischa stand im Flur und rief: „Sünder, kehrt um, bekehrt euch!" Da kamen die Leute auf allen vieren aus ihren Zimmern und krochen in Mischas Zimmer. Doch es war sinnlos, mit ihnen ernsthaft über Gott zu reden. Darum schlug ich vor, mit ihnen zu beten. Als ein Häuflein Elend breiteten sie sich auf dem Fußboden aus, einer hockend, der andere liegend. Sie weinten und schrien laut, fast wütend: „Herr, erbarme dich!" – Eine furchtbare Szene, die sich mir tief einprägte.

Viele von ihnen waren schon drei Monate später nicht mehr am Leben: Der Lehrer Wolodja war betrunken von einer steilen Leiter gefallen und dabei zu Tode gekommen, Walja wurde ermordet... Dort stirbt jeden Tag jemand. Ruft man den Krankenwagen, bekommt man zur Antwort: „Zu den Alkoholikern fahren wir nicht." Und diese „Höhle", dieses Tal des Todes, befindet sich fast im Herzen Moskaus, Metro-Station „Elektrosawodskaja". Durch eine gläubige Schwester, Lena Koslowa, die eine Apotheke leitet, konnte ein Mensch gerettet werden. Sie informierte bekannte Ärzte, die zunächst eine Fehldiagnose auf Lungenentzündung stellten und den Mann dann zwei Wochen lang wiederbeleben mussten. – Sergej und Mischa jedoch wurden gläubig und hörten auf zu trinken. Mischa arbeitet jetzt in einer Gemeinde in der Stadt Pensa.

Gottes Wort hat einen Einfluss auf den Menschen und verändert ihn. Deshalb brauchen wir es. Jesus antwortete den Pharisäern, die von ihm verlangten, seine Jünger sollten schweigen: „Ich sage euch: Wenn diese schweigen werden, so werden die Steine schreien" (Luk. 19,40). Ich habe einmal erlebt, wie ein Obdachloser auf einem Bahnhof in diesem Sinne „schrie". Während ich dort predigte, kam er schnurstracks auf mich zu und unterbrach mich mit der Frage: „Was ist die größte Sünde?" „Wahrscheinlich der Stolz", antwortete ich. Er hob seinen Zeigefinger und sagte laut: „Richtig, der Stolz ist die schlimmste aller Sünden!" Daraufhin plumpste er auf die Bank und streckte sich der Länge nach hin.

Die Leute lachten. Nach einiger Zeit stand er auf und ging wieder auf mich zu. Alle waren gespannt, was nun geschehen würde. Um die Situation zu entspannen, fragte ich: „Wie heißen Sie?" Er drehte sich zu den Leuten im Wartesaal und rief aus der Tiefe seiner Seele: „Ich heiße Schuft!!! Einen menschlichen Namen habe ich nicht verdient! – Ihr Leute, hört gut zu. Alles, was ihr hier über Gott und die Bibel hört, stimmt, es ist die

Wahrheit!" Er schaute die Leute ein paar Sekunden lang schweigend an und wandte sich dann zu mir: „Es hat keinen Sinn, dass Sie sich für diese Leute so abmühen, sie sind alle blind und taub." Dann ließ er sich wieder auf die Bank fallen.

Von allen Menschen kann man im Leben etwas lernen. Aber was kann mir ein Penner geben, was kann ich von ihm lernen? Erstens, und das ist das Wichtigste, er kann mir ganz gründlich beibringen, wie gütig Gott ist, denn ich bin nicht besser als er, und es ist nur Gottes Gnade, dass es mir nicht so ergeht wie ihm. Zweitens sprach dieser Mann so mutig von Gott, dass man sich ihn nur zum Vorbild nehmen kann. Wir sollten uns für Christus nicht schämen. Der Apostel Paulus sagte: „Wir sind Narren um Christi willen" (1. Kor. 4,10). Und wenn wir Gläubigen nicht vom Erlöser sprechen, dann werden diese armen Leute, die Obdachlosen und Trinker, uns zur Schande so gut sie es können von Gott „schreien".

Mit einem jungen Mädchen erlebte ich einmal Folgendes: Im betrunkenen Zustand schrie sie uns wütend an: „Ihr seid eine Sekte, ihr seid nicht orthodox!" Ich fragte sie: „Was ist mit dir geschehen?" Sie fiel mir in die Arme und begann zu heulen. Die Leute um uns her schauten uns verwundert an und dachten wahrscheinlich, dass hier magische Wunderkräfte im Spiel seien, so schnell vollzog sich diese Metamorphose vor den Augen aller Anwesenden. Dieses hübsche, nette Mädchen war zu ihrem Freund gefahren, den sie lange gesucht hatte, um dann festzustellen, dass er schon eine andere gefunden hatte. Da war sie abgestürzt und hatte angefangen zu trinken. Was dann auf den Bahnhöfen mit solchen Mädchen geschieht, kann man sich ja denken.

Die Diebe und Prostituierten reagierten anfangs ablehnend auf unsere Verkündigung und störten uns auf ganz unterschiedliche Art. Doch dann lernten wir uns näher kennen, und sie begannen, uns zu achten. Schließlich begrüßten sie uns sogar laut, wenn wir den Wartesaal betraten, als wären wir alte Freunde. Zwar konnten sie sich unsere Verkündigung nicht anhören und verließen dann den Saal, aber sie störten uns nicht mehr. Gottes Wort entzündet die Herzen und ruft dazu auf, sich zu entscheiden, wie bei dem verlorenen Sohn im Gleichnis Jesu. Ich glaube, dass die Worte, die sie in dem Moment hörten, als sie den Saal verließen, ihnen einmal wieder in Erinnerung kommen, und sei es auf dem Sterbelager, wenn ihr ganzes Leben in allen Einzelheiten an ihnen vorüberzieht. Dann kann es sein, dass diese Minuten für sie zu den wichtigsten ihres Lebens werden.

Wie bedaure ich es jetzt! Mein Herz ist zu Tode betrübt.
Mich straft der schonungslose Henker: mein Gewissen.
Tief beschämt lese ich im Buch der Vergangenheit
die Geschichte meines spurlos verschwindenden, fruchtlosen Lebens.

(A. N. Pleschtschejew)

Wie konnte es so weit kommen, dass diese Menschen dort gelandet sind, wo sie jetzt sind? Vielleicht, weil sie bei den Menschen in ihrer Umgebung – und auch bei uns – keine Liebe fanden? Der Herr fragt uns, wie er einmal Kain gefragt hat: „Wo ist dein Bruder?“ Denn wir sind alle füreinander verantwortlich. Mich bewegen die Worte *Niemöllers: „Als die Nazis die Kommunisten holten, habe ich geschwiegen; ich war ja kein Kommunist. Als sie die Sozialdemokraten einsperrten, habe ich geschwiegen; ich war ja kein Sozialdemokrat. Als sie die Katholiken holten, habe ich nicht protestiert; ich war ja kein Katholik. Als sie mich holten, gab es keinen mehr, der protestieren konnte.“* – Es gibt nicht die „Nächsten“ und die „Fernen“, sondern jeder Mensch, der uns auf unserem Lebensweg begegnet, wird uns zu unserem Nächsten.

Es ist unglaublich, was man von den Menschen auf den Bahnhöfen hört! Ein junger Mann bekannte, dass er homosexuell sei und hier, auf dem Bahnhof, direkt vor unseren Augen Jungen anspreche, die fast noch Kinder seien, um sie zu verführen. Ich habe mich lange mit ihm unterhalten. Solche Menschen sind krank, ja fast wie besessen. Ich hoffe nur, dass der junge Mann an jenem Tag nichts Böses anstellte.

Wie vielen schlechten Einflüssen und Versuchungen sind unsere Kinder heute ausgesetzt! *„Die Seele eines Kindes ist wie ein reicher, fruchtbarer Boden. Was man in ihn sät, wächst schnell und bekommt tiefe Wurzeln. Doch die Frage ist: Was säen wir in unsere Kinder? Was lehren wir sie? Was für ein Beispiel geben wir ihnen? Wenn wir im Garten einen jungen Baum sehen, den der Wind umgeweht hat, oder ein Blumenbeet, das grob zertrampelt wurde, finden wir das schade. Darum seht euch vor, um ja keinen Schatten auf die* *reine Kinderseele zu werfen, und besudelt ihre Unschuld mit keinem noch so winzigen Dreckspritzer. Im Garten schützen wir jeden kleinen Baum vor Vögeln und decken die jungen Triebe mit Stroh ab, damit sie nicht erfrieren. Ist die Seele eines Kindes etwa weniger wert als ein Apfelbaum oder ein Kirschbaum?" (Theophan Satwornik)*

Ein anderer junger Mann ging, nachdem er unsere Verkündigung gehört hatte, zur Bahnhofskasse und gab seine Fahrkarte zurück. Er hatte elf Jahre unschuldig im Gefängnis gesessen; so etwas ist bei unserer russischen Rechtsprechung keine Seltenheit. Doch er kannte den wahren Schuldigen, und all die elf Jahre hindurch träumte er nur von dem einen: sich zu rächen. Jetzt war er in Freiheit und wollte diese „schmutzige" Angelegenheit in Angriff nehmen. Und nun hörte er, während er auf den Zug wartete, ausgerechnet eine Predigt über die Liebe Gottes und die Vergebung: „So zieht nun an... herzliches Erbarmen, ... Geduld; und ertrage einer den andern und vergebt euch untereinander, wenn jemand Klage hat gegen den andern; wie der Herr euch vergeben hat, so vergebt auch ihr!" (Kol. 3,12-13).

Nach der Predigt sagte er zu mir: „Das war das erste Mal, dass ich etwas von Vergebung hörte. Ich dachte immer, es sei ganz normal und richtig, sich für Unrecht zu rächen." – „Ginge es nach der Gerechtigkeit", sagte ich, „dann dürften wir keine Sekunde in dieser Welt leben, denn wir sind alle sündig, der eine mehr, der andere weniger." Wir sprachen noch eine Weile und beteten dann zusammen. Er gab seine Fahrkarte zurück und fuhr glücklich nach Hause. Es war, als sollte er nur aus dem einen Grund an diesem Tag auf dem Bahnhof sein.

Es gibt Menschen, die so nah vor der Bekehrung stehen, dass nur ein wenig fehlt, und die Engel im Himmel werden sich freuen. Andererseits ist es auch sehr wichtig, Menschen, die sich verirrt haben oder verzweifelt sind, rechtzeitig aufzuhalten. „*Warum sind die Menschen selten ganz gut? Weil sie vergessen, es gibt einen Gott.*" Die meisten Menschen verderben sich ihr Leben aus dem einfachen Grund, weil sie Gottes Wort nicht kennen und nicht im Wort Gottes unterrichtet wurden. „Gewöhne einen Knaben an seinen Weg, so lässt er auch nicht davon, wenn er alt wird" (Spr. 22,6).

Schon so oft habe ich festgestellt, dass auch unsere eigenen, menschlichen Worte eine ungeheure Macht besitzen. Vor einiger Zeit besuchte ich meine Nichte im Krankenhaus. Im Flur begrüßte mich ein Mann. Es stellte sich heraus, dass wir beide vor vielen Jahren am Philosophischen Institut an der Wolchonka-Straße gearbeitet haben. Allerdings war er dort Abteilungsleiter, schrieb Bücher und Wörterbücher, während ich in diesem Institut abends aushilfsweise als Putzfrau arbeitete.

Ich fragte ihn ganz erstaunt: „Wie konnten Sie sich denn an mich erinnern und mich wiedererkennen? Ich war doch nur eine Putzfrau!" Er antwortete: „Sie haben mir einmal so einen Satz gesagt, an den ich mich nun schon seit fünfzehn Jahren erinnere, und jetzt liege ich hier im Krankenzimmer, den halben Magen hat man mir entfernt, und ich denke, wie Recht hatte doch damals diese Putzfrau: Man muss sich am Leben freuen!"

Damals war ich noch nicht gläubig, und ich sagte zu ihm etwa: „Die Sonne scheint, wir haben Hände und Füße – also freuen wir uns doch!" Jetzt denke ich: Was für einfache Worte, wie konnten die den Mann so beeindrucken? Oft redet man so viel und weiß schon nicht mehr, wem man was gesagt hat, und dann ist da so ein Mensch, der im Krankenhaus liegt, nachdenkt und sich an Worte erinnert, die man vor fünfzehn Jahren zu ihm gesagt hat. Mit Worten kann man einen Menschen trösten und froh machen, aber Worte können auch beleidigen und tödlich verletzen. Wenn schon das Wort von Menschen eine solche Macht besitzt, welche Auswirkungen muss dann erst Gottes Wort haben!

Nicht umsonst hatte unser kommunistisches System solche Angst vor Gottes Wort, obwohl es eigentlich seltsam ist, lehrt doch die Bibel, den Machthabern zu gehorchen, bei der Arbeit ehrlich zu sein und die familiären Bindungen zu erhalten. Welche Regierung würde sich das nicht wünschen? Sie hätten dieses Buch jedem Haushalt kostenlos anbieten sollen, um selbst in Frieden leben zu können! Doch damals war es schier unmöglich, irgendwo eine Bibel aufzutreiben. Was die Kommunisten am meisten fürchteten an diesem Buch, war die Freiheit, die

Christus den Gläubigen gibt: „... und werdet die Wahrheit erkennen, und die Wahrheit wird euch frei machen“ (Joh. 8,32).

Das Christentum begann mit einem Ereignis, das eine große Niederlage zu sein schien: mit Golgatha, dem Ort, an dem einer gekreuzigt wurde, der den Menschen nur Liebe und Gutes brachte. Und dann gab es da eine Handvoll „Verrückter“, die behaupteten, dass dieser Mensch lebt. Wer hätte gedacht, dass auf diese Weise eine Weltreligion entsteht?! Gegenüber der „soliden“ menschlichen Logik scheint der Glaube an Jesus Christus etwas ganz Bedeutungsloses zu sein. Doch wenn er auch so klein wie ein „Senfkorn“ ist, so hat doch ohne ihn auf der Erde nichts Bestand.

Es fehlte ein Nagel.
Das Hufeisen ging verloren.
Ohne Hufeisen
humpelte das Pferd.
Das Pferd humpelte,
und der Kommandant kam ums Leben.
Die Kavallerie wurde zerschlagen,
die Armee flüchtete.
Der Feind kam in die Stadt
und hatte kein Erbarmen mit den Gefangenen.
– Alles nur,
weil es in der Schmiede keinen Nagel gab!
(S. J. Marschak)

Das ist der Grund, warum „unsere strahlende kommunistische Zukunft“ im Sande verlief: Es gab keinen Nagel! Es gab keinen Glauben an Gott, deshalb brach die ganze Größe und Macht, vor der sonst alle Welt erzitterte, urplötzlich in sich zusammen, ohne dass ein Schuss gefallen wäre.

Auf einer Abendveranstaltung anlässlich einer neuen Ausgabe des Neuen Testaments, die mit einer Millionenauflage erschien, sprach ich den bekannten Schauspieler Jurij Solomin an, der zu der Zeit Kultusminister war, und sagte ihm, ich würde ihm gerne eine Bibel schenken. Er nannte mir einen Termin, und ich ging mit einer gläubigen Schwester zu ihm. Statt, wie sonst üblich, zehn Minuten blieben wir etwa anderthalb Stunden in seinem Büro. Er schaltete alle Telefone ab und hörte unseren Aussagen über Jesus aufmerksam zu. Dann sagte er: „Wie schade, dass dieser Schatz an uns vorüberging. Ich bin Kultusminister, aber ich schäme mich, zugeben zu müssen, dass mein geistliches Niveau nicht über das einer Kinderbibel hinausgeht; die eigentliche Bibel verstehe ich nicht. – So weit haben sie es mit uns gebracht!" Er bedankte sich herzlich für das Gespräch, und als wir sein Büro verließen, schauten uns mehrere ausländische Delegationen, die auf einen Empfang beim Minister warteten, erstaunt an, als würden sie sich fragen: „Womit konnten die nur ein solches Interesse bei ihm auslösen?"

Jeder Mensch der Erde hat ein Gespür für das Wahre und Ewige und fühlt sich zu ihm hingezogen. Wer wollte nicht gerne glücklich sein? Aber das Glück liegt immer in uns selbst verborgen, nicht außerhalb. Wir dagegen versuchten, es in den Dingen zu finden, die uns umgaben, und sind dabei nicht weit gekommen. Auf jegliche Art versuchte man, alles Lebendige und Ewige aus unseren armen Köpfen zu verbannen. In seiner *Erzählung „Die Dörrplötze" beschreibt Saltykow-Schtschedrin es sehr treffend mit dem Bild eines Fisches, einer Plötze:*

„Sie fingen eine Plötze, nahmen sie aus und hingen sie an einer Leine in die Sonne: Soll sie dort ausdörren. So hing die Plötze ein, zwei Tage, und am dritten Tag war ihre Haut am Bauch schon faltig geworden, der Kopf war vertrocknet, und das Gehirn im Kopf war ausgetrocknet und welk geworden. Und so lebte die Plötze so dahin. ‚Wie gut', sagte die Dörrplötze, ‚dass sie diese Prozedur mit mir gemacht haben! Jetzt habe ich keine überflüssigen Gedanken mehr, keine unnötigen Gefühle, kein überflüssiges Gewissen – all das gibt es jetzt nicht mehr! Alles Überflüssige in mir ist verschwunden, ausgenommen und verdörrt, und so werde ich ganz ruhig und erleichtert meinen Weg gehen!... Die Hauptsache ist', sagte sie sich jetzt noch einmal, ‚dass niemand etwas weiß, vermutet oder versteht und dass alle wie im Rausch leben!'"

Totalitäre Regime brauchten schon immer Sklaven, die in ständiger Angst leben und deren Horizont nur „vom Stall bis zur Tränke" reicht. Das Wichtigste in unserem Land war, uns alle mit irgendetwas zu beschäftigen, damit wir wie Betrunkene lebten und nur nicht über Tiefsinniges nachdachten.

Das ist nichts Neues, die Geschichte wiederholt sich ständig.

Man denke nur an den Pharao, der seinen israelischen Sklaven nicht erlauben wollte, ihren Gott anzubeten. Er war der Ansicht, das sei eine unnütze Beschäftigung und sagte: „... sie gehen müßig; darum schreien sie und sprechen: Wir wollen hinziehen und unserm Gott opfern. Man drücke die Leute mit Arbeit, dass sie zu schaffen haben und sich nicht um falsche Reden kümmern“ (2. Mose 5,8-9).

Wenn es keinen Gott gibt, dann gibt es auch keine Unsterblichkeit, dann hat das Leben keinen Sinn. Dann hat W. Rosanow Recht mit den Worten: *„Ein Würmchen gebar ein Würmchen. Das Würmchen kroch ein wenig, danach starb es. – So ist unser Leben!“* Der vereinzelte Mensch, der von einer erbarmungslosen Hand des willkürlichen Schicksals in die eisige Leere des Kosmos geworfen wurde, leidet und quält sich sein ganzes Leben ohne Ziel, um dann wieder im Nichts zu verschwinden. Doch in der Tiefe unserer Seele spüren wir, dass das nicht so sein kann. *„Wir spüren und wissen, dass wir unsterblich sind“ (Spinoza).* Wir ahnen, dass unser Leben irgendein Ziel haben muss, dass es für etwas bestimmt ist und dass es jemanden geben muss, der uns erschaffen hat.

Meine frühe blaue Ewigkeit

Oft haben wir Menschen schon in der frühen Kindheit Gedanken an das Ewige. Ich war noch sehr klein, als ich zum ersten Mal mit dem Tod konfrontiert wurde. Ich fragte die Erwachsenen: „Warum liegt dieser Onkel so starr da wie ein Stein, warum bewegt er sich nicht mehr? Was wird jetzt mit ihm?“ Man sagte mir, dass er in die Erde gelegt werden würde. Dann fragte ich weiter: „Und wann kommt er wieder?“ Da bekam ich eine Antwort, die mich damals schockierte: „Nie.“

Ich übertrug das sofort auf mich selbst: Wenn ich sterbe, komme ich nie wieder zurück. Und so begann ich mit fünf Jahren, wissensdurstig die Zahlen zu lernen, zuerst von eins bis zehn, und dann nur die großen: hundert, tausend..., und sogar das Wort „Sextillion“ lernte ich. Ich wollte immer wissen, welche Zahl dem Wort „nie“ entspricht. Doch dann sagten mir die Erwachsenen, dass es nach der Sextillion (der sechsten Potenz einer Million) nichts mehr gebe.

In meiner Familie dachten sie, dass ich wohl eine große Mathematikerin werden würde, doch nur mein kleines Herz wusste damals, wozu es diese Zahlen brauchte. Ich verkroch mich an einen einsamen Ort und zählte, indem ich die Fingerchen umbog, wie lange es mich nicht geben würde, wenn ich sterben würde. Und ich erinnere mich noch, wie wenn es heute wäre, daran, dass ich in dem Moment, als ich das Wort „Sextillion" aussprach, die Ewigkeit vor mir sah. Sie war blau, und das Leben in ihr war wunderbar, aber ich war nicht dort, denn so hatten sie es mir gesagt, und ich begann, bitterlich zu weinen. Ich meinte, das sei die größte Ungerechtigkeit, die es auf der Welt gab. Ich habe oft so die Zeit an den Fingern abgezählt, und die Ewigkeit hat mich nicht betrogen, sie kam immer wieder: blau, großartig, still und sehr schön.

Ich habe nie jemandem von diesem Geheimnis erzählt, es war für mich etwas so Wichtiges, und mir schien, die Erwachsenen mit ihrem „Nie" würden meine blaue Ewigkeit nicht verstehen und könnten ihr Unrecht tun. Ich bin zutiefst davon überzeugt, dass wir viel Erstaunliches sehen würden, wenn wir uns an alle unsere Kindheitserlebnisse erinnern könnten: *„Versuch, in dich hineinzuschauen; in deiner Seele, du wirst staunen, begegnen dir verborgene, geheimnisvolle Dinge." (F. I. Tjutschew)*

Jede menschliche Seele strebt intuitiv danach, zu jener unbegreiflichen, rätselhaften Kraft zurückzukehren, von der sie stammt. „Wie der Hirsch lechzt nach frischem Wasser, so schreit meine Seele, Gott, zu dir" (Ps. 42,2). Dieses ewige Bedürfnis der menschlichen Seele nach Gemeinschaft mit dem Allmächtigen kann durch Gebet und das Lesen der Heiligen Schrift befriedigt werden. Dabei spürt die Seele Gottes Gegenwart, sie erschauert ehrfurchtsvoll, staunt und ist tief beeindruckt. F. M. Dostojewskij äußerte sich begeistert: *„Herr! Was für ein Buch ist diese Heilige Schrift, etwas so Wunderbares und Kraftvolles ist dem Menschen mit ihr gegeben! Wie viele Fragen werden hier gelöst und wie viele Geheimnisse offenbart..."*

3

Neue Worte, neue Wege – neues Leben

Wie ich eine Bibel von Erzbischof Pitirim erhielt

Als meine Seele unruhig war und suchte – ohne zu wissen, was – riet mir ein Mann, der sich allgemein für die Religionen interessierte, besonders für die östlichen, die Bibel zu lesen. Er selbst hatte sie noch nie gelesen und erwähnte das nur so nebenbei. Doch mich traf dieser Hinweis ins Herz, und ich begann, nach einer Bibel zu suchen. Das war etwa zwei Jahre vor der Perestrojka. Doch es gab noch nirgends eine Bibel zu kaufen, nicht einmal auf dem Schwarzmarkt. Und ich erinnere mich noch sehr genau, mit wie viel Mühe ich dieses Buch vor fünfzehn Jahren in einer Kirche an der Straße „Wtoroj Obydenskij Pereulok" von einer Frau erwarb, die dort Kerzen verkaufte. Später erfuhr ich, dass sie eine Professorin war, eine weltbekannte Wissenschaftlerin, die alles hinter sich gelassen und sich der Kirche zugewandt hatte. Sie gab mir die Bibel heimlich, so dass es niemand sah, und ich bezahlte damals anderthalb Monatsgehälter. Ich wollte für meinen Bruder noch eine zweite Bibel kaufen, doch es gab keine mehr. Die Frau riet mir, beim „Verlag des Moskauer Patriarchats" nachzufragen.

Ich fuhr dorthin und sah am Eingang ein Drehkreuz und einen Milizionär, der den Durchlass-Schein sehen wollte. Ich verstand natürlich sofort, dass ich hier nichts zu suchen hatte und gleich wieder nach Hause fahren konnte. Doch auf einmal war der Milizionär mit etwas anderem beschäftigt, und da war ich drinnen, als hätte mich jemand mitgenommen. Auf dem Flur fragte ich einen Mann in Zivil, wie man eine Bibel erwerben kann. Er antwortete: „Wo denken Sie hin! Ich arbeite hier schon viele Jahre und habe selbst keine! Aber, Bürgerin, wie sind Sie überhaupt hier hereingekommen?" Ich sagte vor Schreck irgendetwas Unverständliches und verschwand in den ersten Stock.

Ich beschloss, nach jemandem im Priestergewand zu suchen, denn einen Zivilen anzusprechen, war nun schon zu gefährlich.

Doch es war weit und breit niemand zu sehen. Nur unheimlich viele Vitrinen mit vergoldeter Kleidung für Geistliche und kirchlichen Gegenständen gab es dort. Plötzlich sah ich hinter einer angelehnten Tür einen Mann im schwarzen Gewand. Ich öffnete zielstrebig die Tür, griff nach dem Gewand und sagte: „Ich brauche eine Bibel!“ Die Sekretärin kam herbeigerannt und riss mich von ihm los, doch ich ließ nicht locker. Da sagte der Mann mit dem langen, weißen Bart freundlich: „Keine Angst, Sie bekommen eine.“ Ich fragte: „Und wann?“ Er antwortete in singendem Ton: „Je-etzt.“ Dann schrieb er mir einen Zettel aus, mit dem ich eine Bibel für dreißig Rubel kaufen konnte. Das war ein Siebtel von dem Preis, den ich für meine erste Bibel bezahlt hatte.

Erst später erfuhr ich, dass ich mit dem Erzbischof Pitirim, dem Direktor des Patriarchatsverlags, gesprochen hatte. Er schaute mich damals erstaunt an und fragte immer wieder, wer ich sei, woher ich käme, und am Ende segnete er mich. Ich ging auf Umwegen von dort zurück, denn sie hatten mich so erschreckt, dass ich die ganze Zeit den Eindruck hatte, jemand verfolge mich. Aber was für ein Glück war es damals, eine Bibel bekommen zu haben, die ich meinem Bruder schenken konnte! Er benutzt sie heute noch.

Das Wunder im brennenden Müllhaufen

Ich glaube, dass die Bibel wie der Dornbusch bei Mose ist: Sie brennt, aber verbrennt nicht, im direkten ebenso wie im übertragenen Sinne. Vor nicht allzu langer Zeit erzählte ich einem Kasachen in meinem Heimatdorf von Christus. Ich wollte ihm ein Neues Testament schenken, doch er sagte: „Ich habe schon eins. Als ich einmal am Haus deines Cousins vorbeiging, brannte dort ein riesiger Müllberg. Da erlebte ich ein Wunder: Dieser Müllhaufen brannte, doch das Buch darin brannte nicht. Ich wartete, bis das Feuer niedergebrannt war, holte das Buch heraus und las die Aufschrift: Neues Testament unseres Herrn Jesus Christus. Ich bin zwar ein Moslem, aber ich glaube, dass ein Buch, das im Feuer nicht verbrennt, heilig sein muss. Jetzt lese ich darin, wenn ich die Melonen auf dem Feld bewache. Ich habe es immer unter meinem Kopfkissen liegen.“

Ich ging zu meinem Cousin und dachte so bei mir: „Na gut,

mein Lieber, da meine Bücher bei dir nicht verbrennen, schenke ich dir noch so eins." Mein Cousin aber war ein entschiedener Gegner Jesu, darum hatte er das Neue Testament ins Feuer geworfen. Sie sind acht Brüder in der Familie, die Eltern sind schon gestorben, und die meisten der Söhne sind noch nicht verheiratet. In dieser Gegend ist es nicht so leicht zu heiraten, man benötigt dafür ein Brautgeld. Ohne das gibt niemand seine Tochter her. So war die Situation, als Gott mich wieder mit einem Neuen Testament zu ihm schickte.

Mein Cousin sagte zu mir: „Warum redest du mit mir immer über Jesus? Kann mir der etwa eine Frau geben?" „Auch das kann er", sagte ich, „lass uns mal dafür beten." Wir beteten, und dann sagte mir mein Cousin zum Abschied: „Also, wenn er das wirklich tut, will ich an deinen Jesus glauben." Ich antwortete: „Ich werde dich noch an dein Versprechen erinnern!"

Nach einigen Monaten besuchte ich ihn wieder. Da kam er mir froh entgegen und rief: „Weißt du, es gibt diesen Jesus wirklich! Er hat mir geholfen und mir eine Frau geschickt! Dass du gebetet hast, hat etwas genützt!" Wenn ich alle Umstände berücksichtige, muss ich sagen, dass das wirklich ein Wunder war, und am besten wusste er das selbst. Deshalb hat er sein Versprechen auch gehalten. Wenn ich ihn jetzt besuche, sagt er mir immer, dass er die Bibel liest. – So ist es manchmal mit denen, die Gottes Wort verbrennen: Sie sind böse auf Gott, schleudern sein Wort ins Feuer, aber Gott begegnet ihnen mit Liebe und Güte und erfüllt auch noch ihre innigsten Wünsche!

Eine iranische Frau aus meinem Heimatdorf erzählte mir voller Schmerz, ihr Mann habe sie vor zwei Jahren verlassen. Sich und die beiden kleinen Söhne zu ernähren, fiel ihr schwer. „Wird mein Mann zu mir zurückkehren, wenn ich dieses Buch von dir nehme?", fragte sie mich. Sie konnte offensichtlich nichts anderes mehr denken. Was sollte ich ihr da sagen? „Ja, er kommt zurück, nimm es ruhig." Es vergingen keine zwei Wochen, da suchte sie mich auf, fasste mich am Arm und führte mich in ihr Haus, wo neben den beiden Söhnen auch ihr Mann saß. Sie zeigte mir heimlich das unter ihrem Kopfkissen versteckte Neue Testament und sagte: „Es hat wirklich geholfen." Ich sagte zu ihr: „Weißt du, das ist aber kein Talisman, das ist das lebendige Wort Gottes, das muss man lesen."

So kommt Gott zu manchen, indem er Hoffnungen zerstört, und zu anderen, indem er ihnen Freude schenkt. Er ist immer bei uns: *„Gott ist allezeit bereit, aber wir sind sehr unbereit; Gott ist uns nahe, aber wir sind ihm ferne; Gott ist drinnen, aber wir sind draußen; Gott ist zu Hause, wir sind in der Fremde" (Meister Eckhart).*

Solche Wunder, wie ich sie beschrieben habe, geschehen im Leben aller Menschen. Es ist nur schade, dass wir davonlaufen, immer in Hast und Eile, und keine Zeit haben, unserem Schöpfer einmal richtig dafür zu danken! So war es auch in der Geschichte im Neuen Testament, als Jesus zehn Aussätzige heilte und nur einer von ihnen umkehrte, um ihm zu danken.

„Ulmas, steh auf, bekehre dich!"

Ein aus der usbekischen Stadt Fergana stammender Tadschike namens Ulmas erzählte mir, dass er als Soldat in Afghanistan war. Als er vom Krieg heimkehrte, schenkte ihm ein russischer Soldat ein kleines Johannesevangelium. Zu Hause las Ulmas dieses Buch und war von dem, was er dort las, sehr bewegt, besonders von der Offenbarung, dass Jesus Christus Gottes Sohn ist. Im Islam wird Christus ja nur für einen großen Propheten gehalten.

So erzählte es mir Ulmas selbst: „Als ich einmal nachts in meinem Bett lag, hörte ich eine Stimme: ‚Ulmas, steh auf, bekehre dich!' Ich hatte noch nicht geschlafen und meinte, das seien meine Freunde, die sich vor dem Fenster einen Scherz mit mir erlaubten. Ich ging aus dem Haus, doch dort war niemand zu sehen. Ich legte mich wieder hin, und wieder hörte ich die Stimme: ‚Ulmas, steh auf, bekehre dich!' So geschah es dreimal. Ich verstand nun, dass das nicht meine Freunde waren, sondern etwas anderes. Vor Angst zog ich mir die Bettdecke über den Kopf und zitterte die ganze Nacht bis zum Morgen."

Ulmas' Vater war ein Mullah, und er hatte seinen Kindern beigebracht zu beten und sich an die Bräuche des Islam zu halten. An bestimmten Tagen beten die Moslems bis zum Sonnenuntergang auf dem Friedhof und gedenken dabei aller Propheten. „Ich kniete auf dem Friedhof", erzählte Ulmas mir weiter, „und betete zu allen Propheten. Als ich zu Iso-Pajchambar

(Jesus, dem Propheten) kam, fiel mir wieder jenes kleine Buch ein, das Johannesevangelium. Da sagte ich: ‚Ich glaube, Jesus, dass du der Sohn Gottes bist.' Plötzlich sah ich, wie vom Friedhofstor Jesus auf mich zukam. Er war ganz in Weiß gekleidet, und zwei Engel waren bei ihm, die auf Usbekisch sangen: ‚Gelobt sei Jesus!' Als er näher kam, sagte ich: ‚Vergib mir, Jesus!' Und er antwortete: ‚Ich vergebe dir, Ulmas.' Das geschah dreimal. (Ich bat ihn so oft um Vergebung, wie ich damals in der Nacht die Stimme gehört hatte.) Dann erschien eine Treppe, die zum Himmel führte, und er stieg diese Treppe hoch. Die zwei Engel sangen wieder: ‚Gelobt sei Jesus!' Ich rief ihm hinterher: ‚Nimm mich mit, Jesus!' Er wandte sich um, lächelte und sagte: ‚Ich komme wieder, dann hole ich dich.' Als ich mich von den Knien erhob, fühlte ich mich so leicht, als hätte ich gebadet und wäre dabei eine Tonne Schmutz losgeworden.

Überglücklich lief ich vom Friedhof auf die Straße. Da kam mir mein Freund, ein Tatare, entgegen, mit dem ich mich vor zwei Jahren zerstritten und den ich seitdem nie wieder gesprochen hatte. Ich umarmte ihn überschwänglich und sagte: ‚Gelobt sei Jesus Christus!' Als ich nach Hause kam, sagte ich dieselben Worte. Ich konnte nichts anderes sagen als das, was die Engel gesungen hatten. Meine Familie glaubte, mit mir sei etwas passiert oder ich hätte Drogen genommen. Mein Vater sagte: ‚Leg dich jetzt ins Bett, und morgen erzählst du uns alles.' Aber am nächsten Morgen lagen mir wieder die Worte auf den Lippen: ‚Gelobt sei Jesus Christus!' Da verstanden meine Eltern, dass ich wirklich etwas Außergewöhnliches erlebt hatte." – Später bekehrte sich die ganze Familie von Ulmas zu Jesus, selbst sein Vater.

Und dann war da noch ein anderer junger Mann, der achtzehnjährige Usbeke Iljas. Ich lernte ihn kennen, als er gerade zum Glauben gekommen war und in Taschkent an einem zweiwöchigen Bibelseminar teilnahm. Der Unterricht dauerte von neun Uhr morgens bis fünf Uhr abends, und danach, ab sechs Uhr, arbeitete er bis zwölf Uhr Mitternacht in einem Geschäft. Anschließend machte er bis drei, vier Uhr die Hausaufgaben fürs Seminar und eilte am nächsten Morgen wieder zum Unterricht. Ich freute mich sehr, als ich solch einen Eifer für Gottes Wort in meinem Volk sah!

Ich fragte ihn, wie seine Verwandten zu seinem Glauben

stünden und ob sie nicht dagegen seien. „Nein, überhaupt nicht!", antwortete er. „Wir haben in unserer Familie ein solches Wunder erlebt, dass ich sie nicht lange davon überzeugen musste, dass Jesus Gott ist. Als ich einmal nach Hause kam, erfuhr ich, dass meine kleine Schwester, die noch ein Säugling war, sich beim Stillen verschluckt hatte und gestorben war. Sie lag da ganz blau angelaufen, und die Verwandten standen um sie herum. Da lief ich zu ihr und sagte laut: ‚Jesus Christus, Sohn Gottes, nimm irgendein Tier von unserem Hof, aber lass meine Schwester wieder auferstehen. Du kannst alle Dinge tun, denn du bist Gott!' Plötzlich fing mein geliebter Schäferhund draußen im Hof an zu winseln und fiel an der Türschwelle tot zu Boden. Aber meine Schwester erwachte wieder. Jetzt betet meine ganze Familie zu Jesus."

Gott hat zu jedem Menschen seinen besonderen Zugang: Im Leben des einen tut er dieses, im Leben des anderen etwas anderes – jeder hat sein Schicksal. Aber unser Problem besteht darin, dass wir oft nicht bemerken, wie Gott wirkt. Ich erinnere mich, wie mich am Anfang der Perestrojka während der Predigt auf dem Arbat ein Mann fragte: „Was würden Sie einer Frau von Gott sagen, deren Sohn nicht aus Afghanistan zurückgekehrt ist? Mein Sohn war in Afghanistan und ist am Leben geblieben. Aber wie mag es der Frau gehen, deren Sohn nicht wiederkam?" Was soll man darauf antworten? Ich wusste es nicht. Doch dann sollte es so sein, dass in dem kleinen Grüppchen von Leuten eine zierliche Frau stand, die dazu leise sagte: „Mein Sohn ist nicht aus Afghanistan zurückgekehrt. Aber mich hat das zum Glauben geführt." Der Mann war so erstaunt, dass ihm der Mund offen stehen blieb und er große Augen bekam. Doch dann redete er irgendein zusammenhangloses Zeug, das keinerlei Bezug zu dem Gesagten hatte.

Ich schaute die beiden an und dachte: „Herr, was ist das nur? Der eine ist gesund und satt und sein Sohn lebt, doch er hebt drohend die Faust zum Himmel, ist undankbar und furchtbar zornig. Die andere sollte eigentlich am Boden zerstört sein vor Leid, aber sie strahlt nur so, und ihre Augen sind tief und gütig." Es war wie in jener bekannten Parabel von der armen, alten Frau, zu der ein junger Mann sagt: „Wozu brauche ich deinen

Gott, Alte? Was hat er dir schon gegeben? Jetzt hast du nur noch zwei Zähne im Mund!" Worauf die Frau ihm antwortet: „Ach, mein Guter, wenn du wüsstest, wie dankbar ich Gott dafür bin, dass diese beiden Zähne genau übereinander stehen, so kann ich wenigstens noch von einem Apfel abbeißen und sein Aroma genießen!" Dieser junge, gesunde Mann hatte zweiunddreißig Zähne im Mund, doch er war mit nichts zufrieden. Die alte, kranke Frau dagegen hatte nur noch zwei Zähne, doch sie war glücklich und sah alles als große Gnade Gottes an! Aber dem jungen Mann stand das Leben noch bevor, und eines Tages würde er auch dort sein, wo die alte Frau jetzt war, und sich an sie erinnern.

Was Guli Fjodorowna mir erzählte

Ich habe eine Bekannte im Alter von 84 Jahren. 1937 wurden gegen sie Repressalien angewandt, und seitdem saß sie sechzehn Jahre lang in verschiedenen Stalinlagern. Ihre ganze Jugend verbrachte sie im Gefängnis, ohne zu wissen, wofür. So erging es damals Millionen von Menschen. Ich lernte Guli Fjodorowna vor einigen Jahren im Krankenhaus kennen, als ich eine Schwester aus unserer Gemeinde besuchte. Wir freundeten uns an, und seitdem besuche ich sie oft. Ihr Mann ist siebenundneunzig Jahre alt, fast ein ganzes Jahrhundert, aber sein Verstand ist noch ganz klar, und er hat ein gutes Gedächtnis. Guli Fjodorowna erzählte mir einige Geschichten, die ich hier weitergeben möchte.

Im Gefangenenlager hatte Guli Fjodorowna eine Freundin, die einen achtjährigen Sohn namens Viktor zu Hause zurückließ. Nach der Festnahme der Mutter wurde er in ein Internat geschickt, wo er eine „Spezialerziehung" erhielt. Jeden Morgen wurde der Junge in der Mitte des Zimmers auf einen Stuhl gestellt, um vor allen anderen wie einen Schwur den Satz zu sprechen: „Meine Mutter ist ein Volksfeind, und deshalb ist sie auch mein Feind."

Seine Mutter saß zwanzig Jahre. Diese ganze Zeit hindurch bestand der Sinn ihres Lebens allein darin, zu überleben, um ihren Sohn zu finden. Als sie in die Freiheit entlassen wurde, suchten sie und Guli Fjodorowna lange nach dem Sohn, und nach vielen Bemühungen fanden sie ihn schließlich. Die Kinder bekamen damals andere Nachnamen, aber die Frauen konnten die genaue Adresse ausfindig machen.

Sie fuhren dorthin, klingelten, und dann öffnete ein Mann von achtundzwanzig Jahren die Tür und fragte: „Zu wem möchten Sie?" Blass und mit zittrigen Lippen stand seine Mutter vor ihm und starrte ihren Sohn nur an. Guli Fjodorowna sagte schließlich: „Viktor, das ist deine Mutter!" „Ach", sagte er mit einem Ton der Verachtung, „dann soll sie durchgehen. Aber Sie warten hier im Flur."

Nach einigen Minuten war ein herzzerreißender Schrei aus dem Zimmer zu hören. „Ich stürmte ins Zimmer", erzählte mir Guli Fjodorowna, „und sah meine Freundin auf dem Fußboden liegen. Sie zitterte, hatte Krämpfe und Schaum vor den Lippen. ‚Was hast du zu ihr gesagt?' fragte ich den Sohn. ‚Ich habe ihr die Wahrheit gesagt: Eine Mutter willst du für mich sein? Ein Volksfeind bist du und deshalb auch mein Feind!' antwortete der Junge. Nach drei Tagen, in denen sie im Fieberwahn immerzu wiederholte: ‚Viktor, endlich habe ich dich gefunden, mein Viktor!', starb meine Freundin im Krankenhaus."

Diese Frau hatte zwanzig Jahre Lagerhaft überlebt mit Hunger, Kälte, Läusen, Schlägen und Spott. Sie hatte beim Dammbau bis zur Hüfte im eisigen Wasser stehen müssen – alles hielt sie aus, weil sie wusste: Irgendwo lebt mein Sohn, mein eigen Fleisch und Blut. Doch dieser tötete sie mit nur einem Satz.

Oleg, ein anderer junger Mann, auch Sohn einer unter Repressalien leidenden Frau, kam als Siebenjähriger zu seinem Onkel nach Kursk. Seiner älteren Schwester war es mit großer Anstrengung gelungen, den Jungen vor dem Kinderheim zu retten, indem sie ihn zum Onkel schickte. Sie benachrichtigte den Onkel, dass die Mutter des Kindes in Karaganda im Gefängnis war. Es war zu Kriegsbeginn, und die Schwester musste an die Front. Der Onkel fürchtete um sein Leben, da er den Sohn einer Verwandten bei sich hatte, gegen die Repressalien angewandt wurden. Er brachte den Jungen in den Wald und überließ ihn dort seinem Schicksal. Der Schwester des Jungen schrieb er an die Front, ihr Bruder sei gestorben. Die Schwester teilte dies der Mutter im Gefängnis mit, die seitdem um ihren Sohn trauerte.

Doch der Junge blieb am Leben. Er irrte lange im Wald umher, bis er endlich eine Straße erreichte. Ein Auto mit evakuierten Kindern kam vorbei und nahm ihn mit. Der Junge kam ins Internat und wurde einer der Besten. Als er die Schule beendete, forderte der Direktor ihn auf, sich ein Geschenk zu wünschen. Der Junge, der nun schon ein junger Mann geworden war, sagte, er würde statt eines Geschenks lieber Geld bekommen, um mit dem Zug nach Karaganda fahren zu können. Der Direktor rief ihn in sein Büro und fragte ihn vorsichtig: „Warum möchtest du denn nach Karaganda?" Der junge Mann antwortete: „Ich will meine Mutter finden, sie ist dort im Gefängnis."

Daraufhin gab ihm der Direktor das Geld. Der junge Mann ging in ein Geschäft und kaufte so viel Brot, wie er für seine Lebensmittelkarte bekommen konnte. (Damals bekam man Brot nur auf Karte.) Eine Frau, die mit ihm in der Schlange stand, fragte ihn, wofür er so viel Brot brauche. Dabei stellte sich heraus, dass sie im selben Gefängnis gesessen hatte wie seine Mutter und sogar mit ihr auf einer Pritsche gelegen hatte. In Karaganda gab es damals Hunderte von Gefängnissen, und der junge Mann kannte die Adresse nicht, so dass er seine Mutter ohne diese Frau wohl kaum gefunden hätte. Doch Gottes Plan ist vollkommen, und so fuhr der Mann mit der genauen Anschrift und dem Brot, das er unter seiner Kleidung verbarg, nach Karaganda.

Als man der Mutter mitteilte, dass ein etwa zwanzigjähriger Mann nach ihr fragte, kam sie, ohne etwas zu ahnen, heraus und sah den jungen Unbekannten, der den Blick auf den Boden gerichtet hatte. Als sie näher trat, zog er das Brot hervor, reichte es ihr hin und schaute sie erwartungsvoll an. Es waren die Augen ihres Mannes. Als die Mutter ihren Sohn erkannte, tat sie vor Schreck einen Aufschrei und fiel in Ohnmacht.

Eine ganz andere Geschichte mit einem anderen, frohen Ausgang. Verschiedene Menschen, die eine unterschiedliche Jugend hatten. – Wie mag es dem jungen Mann, der seine Mutter mit Worten tötete, heute gehen, da die ganze Wahrheit über jene Zeit und unseren verlogenen Patriotismus ans Licht gekommen ist?! Er ist zu bemitleiden, denn er wurde Opfer eines schrecklichen Systems. Ohne Gottes Hilfe und die große Vergebung Christi kann man nach einer solchen Erfahrung Alkoholiker werden, sich das Leben nehmen oder gar verrückt werden.

Der Mensch ist doch ein sonderbares Wesen: Ein einziges Wort kann ihn manchmal das Leben kosten, aber andererseits kann er unsagbar schwere Umstände ertragen. Guli Fjodorowna erinnert sich, dass es im Lager ganz unterschiedliche Menschen gab, darunter auch sehr begabte. Da war zum Beispiel ein junger Mann, ein Musiker aus einer Wolgadeutschenfamilie, dem sie im Lager die Finger abgeschlagen hatten und der mit seinen verstümmelten Fingern so auf der Gitarre spielen konnte, wie sie es nie wieder gehört hat. Vor dem Spiel hielt er seine Knochenstummel über das Feuer, um sie zu wärmen, damit sie ein wenig biegsamer wurden.

Auch von diesem Schicksal erzählte mir Guli Fjodorowna: Eine ehemalige Professorin der Kiewer Universität, Esther Solomonowna, zitierte nachts auf der Pritsche leise umfangreiche Dickens-Passagen. „Ich hatte damals das große Glück", erzählte mir Guli Fjodorowna, „über Beziehungen eine Extraportion halb gar gekochten Hafer zu ergattern, indem ich die schweren Eimer aus der Toilette trug. Esther Solomonowna war damals noch neu und sagte zu mir: ‚Guli Fjodorowna, Sie sind doch eine Künstlerin, was tun Sie da? Schämen Sie sich nicht, so etwas für eine Schüssel Hafer zu tun?' – ‚Sie werden das bald verstehen', antwortete ich. Es dauerte nicht lange, da fragte mich Esther Solomonowna, ob ich nicht mit jemandem sprechen könnte, damit sie auch solch eine Arbeit bekäme. Ich setzte mich für sie ein, und man nahm sie. Abends nach der Arbeit sagte ich zu ihr: ‚Schämen Sie sich nicht, Esther Solomonowna, die vollen Eimer aus der Toilette zu tragen?! Sie können doch den ganzen Dickens auswendig zitieren!' Sie antwortete: ‚Ja, aber man hat eben Hunger.'"

Sie selbst, Guli Fjodorowna, fand im Gefängnis zu Gott, als sie einmal an einer Krankheit fast gestorben wäre. Obwohl sie krank war, musste sie am Dammbau mitarbeiten, wobei man bis zu den Hüften im kalten Wasser stand. Die Freundinnen schleppten sie buchstäblich auf ihren Schultern zur Arbeit, denn in der Baracke wurden Kranke erschossen, weil man glaubte, sie würden simulieren und könnten flüchten. „Ich schaute auf den Damm", erzählte Guli Fjodorowna, „und dachte: Jetzt ist auch für mich der letzte Tag gekommen. Sobald ich in dieses eisige Wasser steige, kommt mit Sicherheit mein Ende. – Ich warf einen Abschiedsblick zum Himmel, doch da schrie es plötzlich aus der Tiefe meiner Seele: ‚Herr, wenn es dich gibt, dann lass diesen Damm brechen!' In diesem Moment strömte vor aller Augen das Wasser durch den Damm! In wenigen Sekunden wurde der Damm hinweggefegt, und alle wurden in die Baracken zurückgeschickt. Diesem Vorfall habe ich es zu verdanken, dass ich am Leben blieb, und seit diesem Zeitpunkt weiß ich ganz sicher, dass es Gott gibt."

Was ist das für eine geheimnisvolle Macht, die den Menschen dazu bewegt, in einer Welt voller Bosheit und Leid zu leben? *„Die Welt, wie sie ist, gleicht einem großen Gefängnis, einem Krankenhaus, ja einer Psychiatrie; sie ist ein großer Friedhof für die vermodernde Menschheit, und unsterblich in ihr ist nur der Tod." (W. F. Marzinkowskij)*

Wie Said zehntausend Volt überlebte

Jener große, unbegreifliche Hunger des Menschen nach Leben ist ganz sicher eine Gabe Gottes. Oft verläuft unser Leben mitten durch Dornen und Prüfungen. Der Mensch entkommt manchmal nur knapp dem Tod. Jeder von uns hat das mindestens schon einmal erlebt. Aber leider hat der Mensch ein schlechtes Gedächtnis für das Gute. Anfangs erzählt er noch allen, dass nur Gott ihm geholfen hat; er rennt in die Kirche, stellt vielleicht Kerzen auf. Doch später denkt er darüber wie über einen glücklichen Zufall. Im russischen Volksmund sagt man: „Ist Sorge da, so fragt man nach Gott. Doch kaum ist sie fort, wird Gott nicht mehr gebraucht."

Ich habe schon viele Menschen kennen gelernt, die fast ertrunken sind, in die Luft gesprengt worden sind oder sonst etwas erlebt haben, so dass man nur staunen kann, wie sie da herauskamen! Durch ein Wunder Gottes, ohne Frage! Ein deutliches Beispiel ist mein Neffe Said, der zehnjährige Sohn meines Zwillingsbruders, der als Pastor in Usbekistan arbeitet. Er wurde auf dem Schulgelände in einem Transformatorhäuschen von einem Schlag mit zehntausend Volt getroffen. Die Kinder hatten gespielt, Said war in den offen stehenden Kasten gekrochen, und die anderen hatten ihn dort eingesperrt. Vor Angst hielt er sich an den Leitungen fest. Es gab einen heftigen Knall. Der völlig schwarz aussehende Junge wurde auf die Intensivstation gefahren. Später erinnerte sich der diensthabende Arzt, dass er damals nur eins wünschte: dass das Kind bis zum Morgen am Leben bliebe und er „bei der Schichtübergabe keinen Toten zu melden hätte".

Der Junge lebt durch Gottes Hilfe heute noch, nachdem er verschiedene Operationen über sich ergehen lassen musste und oft auf der Intensivstation war. Das war für viele Menschen ein deutlicher Beweis für Gottes Macht, besonders im Krankenhaus. Zuerst sollte dem Jungen ein Arm abgenommen werden, dann nur die Hand, schließlich wollte man nur einen Finger amputieren, und am Ende blieb die ganze Hand mit allen Fingern erhalten, sie ist nur ein wenig krumm. Doch der Junge kann mit ihr alles machen, er turnt sogar am Reck damit. Durch diesen Unfall haben damals im Krankenhaus viele Menschen etwas von Gott erfahren und eine Bibel erhalten, und ich glaube, dass für manche von ihnen ein neues Leben begann.

Ich weiß nicht, was geschehen wäre, wenn das einem anderen Kind passiert wäre. Ob es auch überlebt hätte? Da das Trafohäuschen offen stand, wäre früher oder später bestimmt irgendein Kind hineingekrochen. Doch ich denke, es war kein Zufall, dass das Los auf den Sohn christlicher Eltern fiel, und er hat überlebt, weil die Gemeinde Tag und Nacht für ihn betete. Er überlebte zum Zeugnis für die Allmacht Gottes, die sich den Gläubigen offenbart, wenn sie zu Gott beten.

Mein Gott ist ein Gott der Leidenden,
ein Gott, den das Blut rot gefärbt hat,
ein Gott, der Mensch und Bruder ist, doch mit einer Seele vom Himmel.
Und ich beuge mich mit meiner eindringlichen Bitte
vor seinem Leid und seiner reinen Liebe.

(S. J. Nadson, „Dem Gott-Mensch")

Ein ähnlicher Vorfall ereignete sich auch mit dem Sohn eines anderen Pastors, Semjon Borodin aus Krasnodar, Vater von sieben Kindern. Sein siebenjähriger Sohn wurde von einem voll besetzten Bus überfahren. Gott sei Dank ist auch er am Leben geblieben. Beim Gehen schwankt er ein wenig von einer Seite zur anderen wie eine Ente, aber er kann laufen und sogar schwimmen.

Gebet bewirkt Wunder! Menschen, die Gott vollzeitlich dienen, sind ein besonderes „Volk", und sie haben oft besondere Erlebnisse. In der Bibel finden die Gläubigen Trost: „Wir wissen aber, dass denen, die Gott lieben, alle Dinge zum Besten dienen..." (Röm. 8,28). Leid hat einen Sinn, wenn du dich dadurch verändern lässt.

Einer meiner Brüder fand erst durch Leiden hindurch zu Jesus Christus. Anfangs war er mein größter Gegner und beklagte sich sogar bei unserem Vater über mich, ich würde unsere ganze Sippe schänden, indem ich Christus verkündige. Mein Vater dachte darüber lange nach und sagte schließlich: „Wir haben nur einen Gott." Das wird ihm, einem tief gläubigen Moslem, einmal angerechnet werden, denn Jesus hat gesagt: „Wer nicht gegen euch ist, der ist für euch."

Nachdem mein Bruder an einer schweren Form der Diabetes erkrankte und operiert wurde, dachte er über vieles neu nach und schenkte sein Herz schließlich Jesus. Damals wäre er fast gestorben, aber jetzt läuft er wieder umher. Eine Krankheit kann manchmal ein Segen sein, wenn man sich ihr nicht widersetzt und nicht hadert, sondern sie in Demut annimmt und sich Gott zuwendet. *„Wie nötig haben wir alle möglichen Leiden! Wohin es mich wohl schon getrieben hätte, wenn es nicht schwere gesundheitliche Leiden in meinem Leben gegeben hätte! Für was für einen bedeutenden Menschen würde ich mich ohne sie halten! Aber da ich jede Minute daran erinnert werde, dass mein Leben an einem Faden hängt... und dass ich für die Talente, die Gott mir gab, überhaupt keine Prozente gebe, werde ich als der letzte Verbrecher verurteilt werden... Ich höre das alles und demütige mich immer wieder. Ich finde keine Worte, wie ich dem Planer im Himmel für meine Krankheit danken kann." (N. W. Gogol)*

Man sagt ja auch, dass lauter sonnige Tage mit der Zeit Wüsten entstehen lassen. Traurigkeit und Krankheiten sind Umstände, in denen der Herr uns besonders begegnen will. Durch sie will Gott uns verändern, doch insbesondere will er uns Mitgefühl und Mitleid lehren, denn wer selbst durch dunkle Zeiten ging, kann das Leid anderer besser verstehen.

Als ich einmal auf dem Arbat predigte, trat ein Mann auf mich zu und erzählte eine lehrreiche Geschichte aus seinem Leben: Er war früher Schuldirektor in einem sibirischen Dorf. Dort mussten die Frauen das Wasser von einem Brunnen herbeischleppen, der weit entfernt und außerdem an einem Hang lag. Besonders schwer war das im Winter, denn auf dem vereisten Hügel fielen die Frauen mit ihrem Schulterjoch oft hin und rutschten die Anhöhe hinab, wobei sie sich manchmal sogar blutig schlugen. Deshalb ging man mit Wasser sehr sparsam um, und für eine Frau war es die ärgste Strafe, wenn ihr betrunkener Mann einfach so das Wasser auf die Straße goss. Doch da russische Männer selten ganz nüchtern sind, war das Leben dieser Frauen eine echte Plackerei. Im Nachbarbezirk wurde zu jener Zeit gerade nach Öl gebohrt. Da besorgte sich der Schuldirektor dieses Dorfes falsche Papiere, die besagten, dass er ein Mitarbeiter des Bezirkskomitees sei und dass es eine „Anordnung" von oben gebe, in jenem vernachlässigten Dorf einen Brunnen zu bohren. Die Arbeiter glaubten den Papieren und begannen zu bohren. Die Frauen freuten sich darüber natürlich sehr! Sie waren ihrem Direktor unendlich dankbar und verehrten ihn seitdem.

Die Zeit verging, der Direktor wurde pensioniert und zog mit seiner Frau in die Stadt. Die Frau machte damals eine Ausbildung zur Wunderheilerin und begann, Menschen aktiv zu „heilen". Für das Geld, das sie damit verdiente, baute sie ein Haus. Irgendwann sagte der Mann zu ihr: „Wenn du behauptest, du hast diese Gabe von Gott, warum nimmst du dann Geld dafür? Das ist Sünde." Er hatte zwar nie die Bibel gelesen, doch spürte er, dass man, was man geschenkt bekommt, auch umsonst weitergeben soll.

Dieses Gerede ging der Frau auf die Nerven, und sie jagte ihn aus dem Haus. Der Direktor zog zu seinem alkoholkranken Bruder, doch der beschuldigte ihn nach einem Monat, er habe ihm etwas gestohlen und warf ihn auch aus dem Haus.

„Da stand ich auf der Straße", sagte der Mann, „und dachte: Wohin soll ich jetzt gehen? Ich habe keine Verwandten mehr. – Wissen Sie, was für ein Gefühl das ist, wenn man nicht mehr weiß, wo man hin soll?! Plötzlich wurde mir klar, dass man nur dorthin gehen sollte, wo man Gutes getan hat, wo sie sich an einen erinnern und auf einen warten. Wo du Böses getan und anderen geschadet hast, wartet man auf dich genauso wenig wie der Hund auf den Knüppel."

Der Direktor fuhr also zu den Frauen in jenem Dorf. Sie hatten ihn nicht vergessen, sondern freuten sich, ihn zu sehen und boten ihm ein Dach über dem Kopf an. So lebt er bis heute bei ihnen.

Für alle auf der Erde lebenden Wesen
glaube ich an das Gesetz von der Erhaltung der Masse:
Nichts vergeht, ohne Spuren zu hinterlassen...
So ist auch das Gute eine Masse,
die, gibst du sie weiter an deinen Nächsten,
bestimmt zu dir zurückkehrt.

(N. K. Doriso)

In der Güte liegt eine große Kraft. Guli Fjodorowna erzählte mir, dass sie, als man sie abholte, um sie ins Gefängnis zu bringen, zur Erinnerung an ihre Mutter gerade noch ein Stückchen gut riechender Seife mitnehmen konnte. Sie hob das Stückchen Seife auf, ohne es zu benutzen, und nur manchmal, wenn niemand es sah, holte sie es hervor, roch daran und wurde an ihr Elternhaus erinnert.

Mit ihr im Gefängnis saß damals die schreckliche Maschka, eine Gaunerin, die schon mehrmals wegen Mordes gesessen hatte. Die schrie eines Tages: „He, ihr Frauen, wer von euch hat Seife? Hier ist eine Neue, ganz schmutzig und zerschunden, die muss mal gewaschen werden!" – Doch wer gibt schon unter so rohen Lebensumständen sein kostbares Stück Seife her? Alle schwiegen. Da holte Guli die wertvolle Seife ihrer Mutter und gab sie der Maschka. Die sagte zu ihr: „Danke, Mädchen, das vergesse ich dir nie."

Nach einiger Zeit wurde Guli Fjodorowna schwer krank. Medikamente gab es überhaupt keine. Man wollte sie mit Spiritus einreiben, aber den gab es auch nicht. Als Maschka erfuhr, dass die krank war, die ihr die Seife gegeben hatte, stellte sie das ganze Gefängnis auf den Kopf und schickte sogar jemanden in die benachbarte Männerabteilung, um Spiritus zu bekommen. Man fand auch welchen, rieb Guli damit ein, und sie wurde wieder gesund.

So kann Gutes wieder Gutes bewirken. Böses hat übrigens ebenfalls die Tendenz, zu einem zurückzukehren. Dort im Gefängnis war eine sehr strenge Aufseherin. Sie gab den Insassen nicht genügend Brot, aber keiner hatte den Mut, sich über sie zu beschweren. Doch Guli meldete dem Gefängnisleiter, dass Brot gestohlen wurde und die Gefangenen hungerten.

Als die Frauen einmal in einer Grube Lehm stampften, sorgte die von Rachegedanken erfüllte Aufseherin dafür, dass Guli allein in der Grube war, und versuchte, sie dort zu ertränken. Rein zufällig beobachtete das jemand, und Guli wurde gerettet.

Zwei Tage später wurde das Kind der Aufseherin schwer krank. Um das Kind zu retten, wurde dringend Blut benötigt, und zwar mit einer seltenen Blutgruppe, wie Guli sie hatte. In Panik lief die Aufseherin umher und bat alle um eine Blutspende. Doch die Gefangenen waren schadenfroh und meinten, ihre Not sei eine Strafe Gottes. Keiner von ihnen spendete Blut. Zu Guli ging die Aufseherin nicht nach dem, was geschehen war. Doch Guli beschloss selbst, für das Kind Blut zu spenden. Als sie aus dem Sprechzimmer kam, fiel ihr die Aufseherin zu Füßen und küsste sie. Die anderen Gefangenen tadelten Guli und sagten: „Warum hast du das getan? Soll ihr Kind doch krepieren, sie wollte dich schließlich auch umbringen!“ Guli antwortete: „Aber was hat das Kind damit zu tun? Es kann doch nichts dafür, dass es eine solche Mutter hat.“

Im Leben kommt am Ende schon alles, wie es sein soll. Heute lebt Guli und freut sich, dass sie damals ein Kind gerettet hat. W. W. Rosanow schrieb: „*Was ist das Beste an der Vergangenheit, an lange zurückliegenden Zeiten? Die gute oder einigermaßen richtige Tat... Das ist es, was sich im Alter wie ein heller, froher Streifen ausbreitet. Doch leider schauen nur wenige getröstet auf diese Streifen... Erst im Alter erkennt man, ‚dass man ein gutes Leben hätte führen sollen‘. In jungen Jahren denkt man darüber gar nicht nach, auch in reiferen Jahren nicht. Doch im Alter ist die Erinnerung an eine gute Tat oder eine zärtliche, rücksichtsvolle Beziehung der einzige ‚erfreuliche Gast‘ im ‚Zimmer‘ (in der Seele).*“

Einmal waren auf dem Bahnhof junge Männer, die in Tschetschenien gewesen waren und für anderthalb Monate nach Hause durften. Solche ernsten Gesichter! Sie waren müde und nicht sehr gesprächig, aber alle nahmen ein Neues Testament mit. Nur einer wollte keins und antwortete auf meine erstaunte Nachfrage: „Meine Bibel ist mein Maschinengewehr, es beschützt mich auch." Diese Worte erschreckten mich, und ich sagte zu ihm: „Rede lieber nicht so, mein Junge; sag nicht ‚hopp', bevor du gesprungen bist. Du musst noch ein Jahr in der Armee sein, und bald geht es wieder nach Tschetschenien. Vielleicht sehen wir uns nie wieder. Aber denk in schweren Zeiten an das, was du hier gehört hast, und bitte dann Gott, dir zu helfen." Ich glaube, dass Gott jedes Gebet, das aus der Tiefe einer Seele kommt, erhört, und sei es von einem Zweifler oder Unschlüssigen ausgesprochen.

Mit jungen Männern wie diesem muss man in Liebe sprechen. Dieser Krieg hat sie böse gemacht. Natürlich stellen sie sich die Frage: „Wofür soll ich eigentlich sterben? Wäre es für etwas Echtes und Erhabenes... aber wenn es nur um irgendwelche ‚kleinen Geschäfte' irgendwelcher Leute geht, warum soll ich dann mein einziges Leben dafür hergeben?" Aber bei jedem Krieg geht es um „kleine Geschäfte" irgendwelcher Leute, und nie wird es eine Rechtfertigung für Krieg geben.

Den ganzen Sinn des Krieges gibt ein kurzer Dialog zweier Soldaten wieder: „Freund, weshalb bringst du mich um?" – „Weshalb? Na, du lebst doch auf der anderen Seite des Flusses! Würdest du auf dieser Seite leben, täte ich ein großes Unrecht, dich zu töten. Aber du lebst da drüben, also bist du mein Feind, und ich tue eine Heldentat, wenn ich dich töte!" – So werden Menschen ohne jeglichen Grund zu Feinden. Doch wir sind nicht in diese Welt gekommen, um einander umzubringen, sondern um auf Gott zu schauen und ihn und den nach seinem Bilde geschaffenen anderen zu lieben.

„Bullen haben Hörner, Hasen sind schnell, Gämse können gut springen und haben gute Augen; andere Tiere sind besonders groß und haben einen Rüssel; die Vögel haben Flügel und die Bienen einen Stachel. – Die Natur gab jedem etwas, um sich zu schützen...

Nur der Mensch kommt ganz nackt auf die Welt, ist hilflos, wehrlos und arm..." – So schreibt Grigorij Nisskij in einem Traktat mit dem Titel: „Warum der Mensch wehrlos und schutzlos ist". Wir sind so geschaffen, weil der Mensch das erstaunlichste und bewundernswerteste Wesen der Erde ist. In ihm hat das ganze Weltall Platz. Sein Körper hat denselben Aufbau wie der Körper der Tiere und besteht aus denselben Teilchen, aus denen sich die gesamte Schöpfung zusammensetzt.

Doch seine Seele ist größer als die ganze Welt: Sie kam von Gott, und deshalb hat sie Verstand und ist unsterblich. Ihrer Natur nach strebt die Seele des Menschen nach der Ewigkeit, sie muss anders befriedigt werden als der Körper. Sie sehnt sich nach etwas Höherem, nach Wahrheit, Schönheit und nach dem Guten. Es ist ihr Bestreben, Grenzen wegzunehmen und „aus zweien eins zu machen".

In meiner Heimat gibt es jetzt viele Grenzen, eine davon, die Grenze zu Kasachstan, verläuft in der Nähe unseres Dorfes. Unser Dorf gehörte in der Zeit, als ich noch dort lebte, mal zu Usbekistan, mal zu Kasachstan. Um acht Uhr abends wird diese Grenze geschlossen. Einmal wollte mein Bruder, der Pastor, mit seiner Frau von Kasachstan nach Usbekistan zu einem Gottesdienst fahren. Als sie gegen halb acht an die Grenze kamen, war sie schon geschlossen. Vor ihnen hatten sich fünf Autos aufgereiht, doch keins wurde durchgelassen.

Da ging meine Schwägerin zu den Grenzposten, um zu erfahren, was los sei. „Wir haben das so beschlossen, darum ist das so!", lautete die lakonische Antwort. „Und überhaupt, wer bist du eigentlich, dass wir dir eine Erklärung abgeben müssten?" „Ach, wenn ihr wüsstet, wer mein Vater ist, würdet ihr nicht so mit mir reden", antwortete sie traurig und drehte sich um. Der Grenzposten fragte sie daraufhin nach ihrem Namen. Meine Schwägerin war zuerst ganz verwirrt über die unerwartete Frage, doch dann besann sie sich und nannte ihren Mädchennamen: Rudenko. Da sagte der eine Grenzbeamte nervös zum anderen: „Das ist doch der frühere Bezirks-Staatsanwalt! Macht schnell die Grenze auf!"

Das Interessante ist, dass meine Schwägerin überhaupt nicht wusste, dass der frühere Bezirks-Staatsanwalt Rudenko hieß. Von außen betrachtet, hört sich dies lustig an und scheint ein reiner Zufall zu sein, doch bei gläubigen Menschen gibt es keine Zufälle. Mein Bruder und meine Schwägerin fuhren weiter, dankten Gott, dass sie rechtzeitig zum Gottesdienst kamen und beteten für die Grenzsoldaten, denen sie ein Neues Testament dagelassen hatten. Keine Situation im Leben ist zufällig: Gott schickt uns seine Zeichen und lehrt uns, tiefgehende Gespräche mit den Menschen zu führen. Wer weiß, welche Reaktion unsere Worte in den Herzen derer auslösen, mit denen wir sprechen? Ein Dichter drückte es so aus: *„Es ist uns nicht gegeben, im Voraus zu wissen, welche Auswirkungen unsere Worte haben."*

Einmal musste ich nach Taschkent fliegen. Während auf dem Flughafen die Passbeamtin meinen Reisepass kontrollierte, sagte ich ihr einige Worte von Jesus. Erstaunt schaute sie mich mit feuchten Augen an und begann, mir Fragen über Gott zu stellen. Es bildete sich eine lange Schlange, und ich wollte das Gespräch beenden, da es mir unangenehm war, doch sie ließ mich nicht gehen. Eine Frau vom Bereitschaftsdienst kam herzu, doch als sie hörte, worüber wir sprachen, ging sie wieder weg, ohne etwas zu sagen. Wie hungrig sind manche Menschen nach Gottes Wort! Oft leben sie ganz in unserer Nähe, und sie brauchen nur sehr wenig, nur ein paar Worte von der Liebe Jesu! Denn dieses sind nicht einfach nur Worte; in ihnen ist das Leben!

Wenn ich auf dem Bahnhof predigte, habe ich schon oft erlebt, wie sich im Laufe der Verkündigung die Atmosphäre im Wartesaal änderte. In solchen Momenten spürt man es sogar physisch, dass sich das geistliche Klima verändert. Ich bin davon überzeugt, dass dies mit dem lebendigen Wort Gottes zu tun hat, das die Herzen der Menschen berührt, das sie fortreißt von ihren traurigen, gehetzten und hasserfüllten Gedanken. Dann kommen neue Gedanken, von Gottes Licht erleuchtet, und schaffen diese besondere geistliche Atmosphäre. Der Gedanke ist tatsächlich etwas Materielles. Das spüren nicht nur ich und die, die bei mir stehen, sondern auch die Menschen im Wartesaal. Sie bedanken sich oft und bitten: „Erzählen Sie uns doch noch etwas."

Für den Prediger selbst ist es allerdings sehr wichtig, dass er sich in einem Zustand der Liebe und der Stille befindet. Das überträgt sich unglaublich stark auf die Menschen. Oft bringen mir die Leute vor Freude und zum Zeichen ihrer Dankbarkeit Nüsse oder Süßigkeiten oder bieten mir sogar ihre letzten Kopeken an. Kürzlich kam ein Obdachloser, der zehn Jahre im Gefängnis gesessen hatte. Er war von meiner Predigt so gerührt, dass er nicht wusste, wie er seinen Gefühlen Ausdruck verleihen sollte. Da sagte er: „Darf ich Sie einmal küssen?" „Dürfen Sie", antwortete ich, und er drückte mir einen dicken Schmatzer auf die Wange.

Ein anderes Mal kam ein Mann zu uns und sagte: „Ich erkenne Sie wieder, letztes Jahr haben Sie auch hier gepredigt und mir ein Neues Testament geschenkt. Sie wissen ja gar nicht, was das für uns zu bedeuten hatte! Damals war gerade unser Sohn ermordet und in der kasachischen Wüste verscharrt worden. Wir saßen einsam und verloren hier auf diesem Bahnhof, unsere Seele schrie vor Trauer, wir wollten nicht mehr leben. Doch wer interessierte sich schon dafür? Da hörten wir auf einmal, dass es keinen Tod mehr gibt, weil er von Jesus besiegt wurde, der diesen Sieg auf Golgatha vollbracht hat. Er, unser Erlöser, hat gesagt: ‚Wer an mich glaubt, der wird leben, auch wenn er stirbt' (Joh. 11,25). Diese Worte haben uns damals so getröstet, dass wir innerlich förmlich wieder auferstanden sind. Jetzt lesen wir regelmäßig im Neuen Testament. Es ist unser einziger wahrer Trost."

Wie armselig ist alle irdische Kraft,
dem wütenden Bösen zu wehren.
Du stöhnst unter deiner bedrückenden Last,
die dich wie ein Grab will verzehren.

Vergiss nicht in solchen Zeiten das Buch,
das Gott uns aus Liebe gegeben.
In ihm schöpfe Kraft, sein Wort tut dir gut,
es hilft dir zum ewigen Leben.
(F. I. Tjutschew)

Es kam auch schon vor, dass mich fremde Menschen auf der Straße oder in der Metro anhielten und sagten: „Als ich das letzte Mal in Moskau war, ging ich extra auf den Arbat und suchte dort lange nach Ihnen, weil ich eine Predigt hören wollte." Die Menschen vergessen es nicht, wenn sie etwas von der Wahrheit gehört haben; sie suchen Gottes Wort.

Einmal fand uns ein junger Mann. Wie sich herausstellte, war er noch vor einigen Monaten mit einer Gruppe von Satanisten häufig auf den Arbat gegangen, die uns wütend wie Besessene beim Predigen störten: Sie zerschlugen Sektflaschen, schrien laut etwas über Nietzsche, und einer, der nur noch wenige faule Zähne im Mund hatte, flüsterte mir ins Ohr: „Wir bringen dich um." Wir machten dennoch weiter, obwohl das unglaublich schwer war.

Und dann, ein halbes Jahr später, kam der frühere Satanist Aljoscha zu uns und sagte: „Ich war damals sehr erstaunt darüber, dass Sie keine Angst vor uns hatten, wir waren ja viele und drohten Ihnen. Ich dachte damals: Was muss das für ein Glaube sein, wenn die überhaupt keine Angst vor uns haben! Als dann Zettel mit der Adresse einer Gemeinde verteilt wurden, nahm ich einen mit, ging hin und bekehrte mich. Jetzt gehe ich regelmäßig in die Kirche, und ich habe Sie gesucht, um mich zu bedanken." – Solche Zeugnisse sind natürlich außerordentlich ermutigend und geben einem neue Kraft.

Diese Satanisten schickten damals sogar einen Boten zu mir, ihren „Gesandten", der lange und eindringlich auf mich einredete, um mich dazu zu bewegen, mich ihnen anzuschließen und ihre Organisation zu leiten! Er lockte mich immer wieder mit Ruhm und Ehre: „Wir haben eine starke Struktur, Sie werden so viel Autorität besitzen, dass ein einziges Wort von Ihnen alles bedeuten wird!" Mit diesem Beispiel möchte ich andere warnen und zeigen, auf welche Weise Menschen in ungute Organisationen geraten. Ich weiß nicht, ob es mir damals gelang, diesen jungen Mann davon zu überzeugen, diesen Verein so schnell wie möglich zu verlassen.

Doch das muss man den Satanisten lassen: Sie verstehen es, „Gesandte" auszuwählen. Dieser war ein hübscher, liebenswürdig aussehender, junger Mann, sehr gut gekleidet und mit einer angenehm weichen Art zu reden. Es fiel mir schwer, mir vorzustellen, wie so jemand Satanist sein konnte. Durch solche wie ihn geraten junge Menschen da hinein, mit solchen Worten werden sie verführt.

Die Verkündigung des Evangeliums kann auf ganz unterschiedliche Art durch dunkle Mächte behindert werden. Einmal kamen während einer Predigt zwei Männer auf uns zu. Einer von ihnen, etwa zwei Meter groß, trug ein schwarzes Hemd. Er ging demonstrativ durch die Menschengruppe nach vorn, hob den Arm, zeigte auf die Uhr und sagte so laut, dass alle es hören konnten, zu seinem Freund: „Ich stelle die Stoppuhr, in zwei Minuten hält sie den Mund!" Alle Leute waren nun auf die Uhr konzentriert, keiner hörte mir mehr zu, alle warteten, was nun geschehen würde. Er hatte es ja so sicher und selbstbewusst angekündigt.

Diese zwei Minuten kamen mir wie eine Ewigkeit vor. Ich begann, auswendig gelernte Worte aus der Heiligen Schrift zu zitieren, einen Vers nach dem anderen, und das war meine Rettung. Es vergingen zwei Minuten, dann fünf und noch ein paar. Schließlich ging der Mann kleinlaut und beschämt fort.

Ein Helfer ist ein großer Schatz!

Natürlich war es Gott, der mir in allen diesen Situationen geholfen hat. Unerschrockenheit kommt von ihm, doch unabhängig davon handelt Gott auch durch Menschen. Eine große Hilfe war für mich damals die siebzehnjährige Lena Preobraschenskaja, die einfach dabeistand und betete. Ich habe sie während einer Predigt auf dem Arbat kennen gelernt. Sie ist still und zurückhaltend, aber sehr treu im Dienst der Verkündigung. Später predigte sie auch selbst auf der Straße, und zwar so, dass ihr Vater, ein Professor, es nicht glauben konnte, denn er wusste, wie verschlossen seine Tochter ist. Er kam heimlich auf den Arbat, versteckte sich in der Menge und hörte seiner Tochter zu, mit offenem Mund, wie er später zugab. Gott kann einem erstaunliche Fähigkeiten verleihen, so dass man Dinge tun kann, die man vorher nie tat.

Die engagierteste Schwester in der Gemeinde war unsere Marina. Sie leitete die Gebetsarbeit und war sehr viel mit Menschen im Einsatz. (Jetzt ist sie mit einem Prediger einer anderen Gemeinde verheiratet und arbeitet in seiner Gemeinde mit.) Marina war sehr gebildet, sie hatte Jura studiert. Bevor sie sich zu Gott bekehrte, hatte sie solche Menschenfurcht, dass sie sich kaum traute, in der Bibliothek anzurufen, um nach den Öffnungszeiten zu fragen. Statt dessen fuhr sie zwei Stunden hin und wieder zurück, nur um an der Bibliothekstür die Öffnungszeiten abzulesen. Gott hat sie total verändert!

Ganz allein zu predigen, ist schwierig und etwas gefährlich. Deshalb ist ein Helfer in solchen Momenten ein großer Schatz und eine echte Freude! Doch das Wichtigste ist eine starke Unterstützung durch Gebet. Jesus schickte auch immer zwei Menschen zusammen in den Predigtdienst. So ging ich lange Zeit mit Lena auf die Straße. Später stieß noch eine andere junge Frau zu uns, Olja Soboljewa, so dass wir eine kleine Gruppe von Predigerinnen sind. Das Interessante daran ist, dass wir alle keine „Kirchenleute" sind, sondern einfach nur den brennenden Wunsch in uns trugen, Jesus Christus zu verkündigen.

Ich ging auch in andere Gemeinden und bat darum, mit uns auf dem Arbat zu predigen. Als ich zu den Adventisten kam, sah ich, dass sie die Bibel sehr lieben. Sie sitzen immer mit Stiften und Notizblöcken da und schreiben alles mit. Das hat mir gut gefallen. Ich dachte, sie würden bestimmt mit auf den Arbat gehen, da sie gebildet sind und alles wissen. Auf dem Arbat werden gerade solche Leute gebraucht, denn dort, im Zentrum Moskaus, gibt es viele intelligente Menschen!

Ich gab einen Zettel nach vorn durch: „Warum erzählen wir uns immer nur gegenseitig etwas von Jesus? Wir sind doch alle gläubig! Gehen wir besser auf den Arbat, dort rühmen die Krishnaiten ihren Krishna mit Tamburinen, Liedern und schönen Kleidern, aber unser Jesus ist ganz allein, ihn lobt dort niemand, und keiner spricht von ihm." Als Reaktion auf diesen Zettel sollte ich einen schrecklichen Kommentar von der Kanzel hören: „Wir gehen in die Universität, um zu predigen, und was den Arbat betrifft, so hat Jesus gesagt: ‚Ihr sollt eure Perlen nicht vor die Säue werfen'" (Matth. 7,6).

Dann ging ich zu den Pfingstlern. Dort sprach ein Prophet, ein gewisser Wasja aus Saransk, ein Wort über mich aus: „Ich werde eine Junge schicken und eine Alte, aber dich habe ich nicht geschickt." Er fragte mich: „Hat dich Gott auf den Arbat geschickt?" „Ja", sagte ich, „Jesus hat doch gesagt: ‚Ich sende euch… geht und predigt das Evangelium…'". Darauf antwortete dieser Wasja: „Geh lieber nicht allein auf den Arbat, das ist zu gefährlich." – „Es kommt ja keiner mit!", antwortete ich. Dann bot Wasja mir an: „Ich komme einmal im Monat zu dir, und dann gehen wir zusammen." Doch daraus ist bisher noch nichts geworden.

Dann ging ich zu den Baptisten, bei denen gerade Iwan Semjonowitsch Gnida das Wort auslegte. Ich fragte: „Warum studiert ihr immerzu die Bibel? Jetzt ist doch Ostern, alle Leute gehen auf dem Arbat spazieren, kommt, lasst uns ihnen ‚Christ ist erstanden' vorsingen und ihnen von Christus erzählen!" Da standen die jungen Leute auf, und Iwan Semjonowitsch segnete uns, allerdings nicht ohne mehrmals zu warnen: „Aber nicht so lange, und seid vorsichtig!" Ich wunderte mich damals über diese Besorgnis und dachte: „Gehen diese Leute eigentlich überhaupt mal raus? Es ist, als lebten sie auf einem anderen Planeten!" Dann erfuhr ich den Grund dieser Furcht und davon, wie viel die Gläubigen in unserem Land schon erlitten haben. Ihre Furcht sitzt sehr tief, das sollte man sich immer vor Augen führen.

Wir gingen dann ein- oder zweimal zusammen auf den Arbat, doch dann sagten sie mir: „Sei uns nicht böse, Schwester, aber das ist deine Arbeit, geh du lieber allein." Ich war nicht beleidigt, zumal ich später gerade von den Baptisten moralische Unterstützung erhielt, was für mich sehr wichtig war. Noch heute denke ich mit Dankbarkeit an den Vorsitzenden des Bundes der Evangeliumschristen-Baptisten, Wassilij Logwinenko, und seinen Stellvertreter, Alexandr Firisjuk. Doch besonders danken möchte ich Alexej Bytschkow und Witalij Kulikow, die mich mit ihrer Einstellung mir gegenüber gestärkt und unterstützt haben, ohne es vielleicht zu wissen. Mein aufrichtiger Dank gilt natürlich auch der Mission „Licht im Osten", mit der ich schon seit etwa zehn Jahren zusammenarbeite.

Ich bin sicher, dass Christen aller Konfessionen Jesus Christus verkündigen, denn die Gemeinde Gottes wächst auf der ganzen Welt, obwohl wir untereinander oft nicht versöhnt sind, wodurch die Verkündigung behindert wird. Vielleicht ist es hier angebracht, sich an einen Witz zu erinnern:

Ein Gläubiger kam auf eine unbewohnte Insel. Er baute sich ein Haus, legte einen Garten an und errichtete zuerst eine Kirche und dann eine zweite, die genauso aussah. Zwanzig Jahre später legte ein Schiff an. Der Kapitän schaute sich die Wirtschaft des gläubigen „Robinson" an und fragte dann: „Aber warum hast du zwei Kirchen?" – „Dies ist die Kirche, in die ich gehe, und das ist die, in die ich nicht gehe", antwortete „Robinson". Leider ist es in unserem christlichen Leben auch oft so.

Einmal hörte ich in einer orthodoxen Kirche eine Predigt des Geistlichen Georgij Tschistjakow über die Geburt Jesu Christi. Nachdem er das zweite Kapitel des Lukasevangeliums vorgelesen hatte, sagte er: „In diesem kurzen Bibeltext wird fünfmal ‚das Kind auf den Armen Marias' erwähnt. Wie schade für unsere protestantischen Brüder, dass es bei ihnen zwar das Kind, aber keine Maria gibt. Doch wir Orthodoxe tun mir noch mehr Leid, denn bei uns gibt es nur Maria und kein Kind." Auf die Frage einer Gottesdienstbesucherin „Warum haben die Protestanten keine Liturgie?" antwortete er: „Weil ihr ganzes Leben eine Liturgie ist!" Für einen orthodoxen Geistlichen ist es sehr mutig, so etwas zu sagen! Aber gerade so, lehrt uns Jesus, sollen wir miteinander umgehen: „Einer achte den anderen höher als sich selbst" (Phil. 2,3).

Vielen Menschen fiele es sehr viel leichter, zu Jesus zu finden, wenn wir Christen uns nicht streiten würden. Die Verkündigung Jesu Christi hilft uns, die Unterschiede zu überwinden, denn sie gilt für alle Konfessionen: Jesus Christus ist für unsere Sünden gestorben, wurde begraben und ist am dritten Tag auferstanden. Die Aufgabe der Kirche ist es, diese Botschaft an alle Enden der Erde zu bringen.

Der geistliche Hunger in der russischen Provinz

Leider muss man feststellen, dass die Gemeinden tatsächlich ein Problem mit der Verkündigung haben. Und dabei beobachte ich eine seltsame Tendenz: Je erfahrener wir als Gläubige sind, umso mehr beschäftigen wir uns mit uns selbst und desto weiter entfernen wir uns von der Verkündigung.

Wenn wir uns zu Gott bekehren, sind wir so feurig und voller Liebe zu Jesus, dass wir der ganzen Welt von ihm erzählen wollen. Und dieser frohe, ergreifende Wunsch, den Menschen denjenigen zu verkündigen, der „der Schönste unter den Menschenkindern" ist, scheint nie zu vergehen. Wie König David sagen wir: „Wenn ich nur dich habe, so frage ich nichts nach Himmel und Erde“ (Ps. 73,25).

Doch dann vergeht einige Zeit, und ganz unbemerkt lässt jene erste Liebe nach. Ich beobachte es auch an mir selbst, dass ich jetzt weniger predige als in den ersten Tagen nach meiner Bekehrung. Oft verweisen wir darauf, dass wir überlastet sind, doch der Apostel Paulus sagt: „Wehe mir, wenn ich das Evangelium nicht predigte!“ Die Zeit ist sehr kurz, die Welt und die Menschen verändern sich, und auch die Offenheit für das Evangelium ist nicht immer gleich. Wenn es früher schon ausreichte, die Bibel hochzuhalten, wodurch die Leute sofort stehen blieben, einen umringten und unablässig Fragen stellten, so ist dies heute oft nur noch auf den Bahnhöfen möglich, wo viele Leute aus der russischen Provinz sind, die noch diesen geistlichen Hunger verspüren.

Einmal sagte mir jemand, nachdem ich auf einem Bahnhof gepredigt hatte: „Da ist ein Mann, der Sie bittet, zu ihm zu kommen.“ Ich ging hin, und da holte er die Uniform eines Oberst und anschließend eine Pistole aus seinem Koffer. „Jetzt wird er mich wohl hier erschießen“, dachte ich, „die Leute tun heute alles Mögliche, wer weiß, was dem im Kopf herumspukt.“ Doch er sagte zu mir: „Ich will nicht mehr weiterleben.“ Dann fing er laut an zu weinen. Ich saß neben ihm und dachte: „Solch ein starker Mann! Er hat Macht und Einfluss und ist bewaffnet! Was bin ich kleine, schwache Frau dagegen? Jetzt sitzt er hier und weint, ohne sich vor den Leuten zu schämen.“ Ich wusste auch, warum er weinte: Sein Herz war müde geworden von einem Leben ohne Liebe und Wahrheit. Es wäre fast schon erstickt, wie in einem zugemauerten Raum. Das Hören der Worte von Liebe und Vergebung war für ihn, als würde er nach langer Zeit wieder tief durchatmen.

Einmal kam ein kräftiger, vor Gesundheit strotzender, etwa fünfzigjähriger Seemann aus Murmansk auf uns zu und sagte: „Ich habe gerade von Ihnen gehört, dass Jesus Christus Frieden schenken kann. Dann versuchen Sie doch einmal, mich zu beruhigen! Na, probieren Sie es mal! Das schafft niemand, auch euer Christus nicht!“ Seine Augen irrten unruhig hin und her, seine Hände zitterten, und ich dachte, er sei betrunken, doch roch er nicht nach Alkohol und wankte auch nicht. Er bat mich eindringlich, mich neben ihn zu setzen und mit ihm zu reden. Er hatte sich gerade von seinem Bruder verabschiedet, den er, wie er sagte, nie wiedersehen würde. Sie hatten sich gestritten und waren als Feinde auseinander gegangen. „Mich kann niemand beruhigen!" wiederholte er immer wieder sehr erregt.

Ich versuchte nicht, ihn vom Gegenteil zu überzeugen, aber ich schlug ihm vor, mit mir zu beten und mir die Worte der Reue und von der Vergebung und Güte Gottes nachzusprechen. Er wiederholte meine Worte, aber es klang, als täte er es rein mechanisch. Doch als ich nach dem Gebet die Augen öffnete, erkannte ich ihn nicht wieder: Vor mir saß ein vollkommen anderer Mensch! Dabei waren nur zwei Minuten vergangen!

Er vergaß seinen Schmerz und begann, Fragen zur Bibel zu stellen. Besonders interessierte ihn die Ursünde[21]. Sünde, so meinte er, bestehe darin, dass die Menschen neues Leben zeugen, denn das Wort „Erstgeborener" bedeute „der, der zuerst geboren wurde oder zuerst auf die Welt kam". Als er aber erfuhr, dass Sünde bedeutet, dem Willen Gottes nicht zu gehorchen, und dass mit dem Begriff „Ursünde" die erste Sünde, die „auf die Welt kam", bezeichnet wird, nämlich der Ungehorsam Gott gegenüber, konnte er sich dafür wie ein Kind begeistern. Als dieser Seemann sich verabschiedete, schüttelte er mir zufrieden die Hand und sagte: „Ich dachte, ich würde heute noch einen Herzinfarkt bekommen, doch ich bin tatsächlich ruhig geworden, es ist ganz vorbei. Sehen Sie, meine Hände zittern nicht mehr."

Als wir vom Bahnhof nach Hause gingen, sprachen uns zwei gläubige Amerikaner an, bedankten sich für unseren Dienst und sagten: „Wir schämen uns jetzt. Es ist doch möglich, Christus zu verkündigen. Es geht, die Leute sind bereit zu hören, aber wir schweigen!"

Doch hierzu muss man sagen, dass die Menschen auf den Bahnhöfen anders sind als sonst die Menschen in Moskau; sie sind oft viel herzlicher und ehrlicher. Auch die Gläubigen sind außerhalb der Großstädte anders als in Moskau. Einmal fuhr ich mit zweien meiner Brüder nach Samarkand. Unser Vater hatte dem älteren Bruder Roman gesagt, er solle dort unbedingt

---

21 Im Russischen wird „Ursünde" wörtlich mit „erstgeborene Sünde" übersetzt.

in eine Moschee gehen. Denn Samarkand ist besonders für seine Moscheen berühmt. Roman freute sich sehr auf die Moscheen, doch seine Freude war nur von kurzer Dauer: Sie ließen ihn nicht hinein. Die erste Frage, die ihm dort gestellt wurde, lautete: „Hast du dich gewaschen?" Er antwortete: „Nein, ich bin gerade angekommen und bin zum ersten Mal in Samarkand, ich kenne hier niemanden." Doch man ließ ihn trotzdem nicht hinein.

In Samarkand ging uns das Benzin aus, und zur damaligen Zeit war es nicht möglich, welches zu bekommen, auch nicht für viel Geld. Ich hatte eine Adresse einer christlichen Gemeinde. Zwar kannte ich dort auch niemanden, doch schlug ich meinen Brüdern vor: „Lasst uns mal hinfahren. Wenn sie uns dort nicht helfen, hilft uns niemand."

Als wir ankamen, wurden wir wie Gäste von einem anderen Stern begrüßt: Man bot uns ein separates Zimmer an, wo wir uns ausruhen konnten, dann wurde eine Frau gerufen, die uns etwas zu essen kochte, und später luden sie uns zum Gottesdienst ein. Damit war es noch nicht getan: Die Leute füllten uns den Tank ganz voll Benzin, ohne eine Kopeke dafür zu verlangen, und dann begleitete uns ein Auto aus der Stadt hinaus, um uns den Weg auf die Autobahn zu zeigen.

Mein Bruder Roman sagte die ganze Fahrt über nichts; er konnte das nicht verstehen. Er glaubte die ganze Zeit, man habe uns mit jemandem verwechselt. Als wir wieder zu Hause waren, fragte unser Vater gleich: „Wart ihr auch in einer Moschee?" „Ja", sagte mein Bruder, „aber wir wurden nicht reingelassen, weil wir nicht gewaschen waren." „Das ist auch richtig so", antwortete unser Vater, „ohne sich gewaschen zu haben, darf man eine Moschee nicht betreten." „Ja", sagte Roman, „aber dann ging uns das Benzin aus, und wir fuhren zu einer christlichen Gemeinde. Da fragte mich niemand, ob ich gewaschen bin. Sie sprachen mich noch nicht einmal darauf an, dass ich einen anderen Glauben habe. Man bot uns ein Bett an, gab uns etwas zu essen und Benzin und zeigte uns noch den Weg nach Hause." Mein Vater hörte nur schweigend zu, senkte den Kopf und sagte darauf nichts weiter.

Die Menschen aus den Randgebieten sind anders; auf den Bahnhöfen macht sich das an ihrem lebendigen Interesse für die Bibel bemerkbar. Bei den Leuten aus Moskau Interesse für Gottes Wort zu wecken, beispielsweise auf dem Arbat, ist dagegen nicht so leicht. Sie „wissen alles". Doch auch dort gibt es immer wieder Menschen, die anscheinend nur auf jemanden gewartet haben, dem sie dann lange und aufmerksam zuhören. Es gibt natürlich auch Leute, die unsere Traktate gleich wieder wegwerfen. Doch selbst das benutzt Gott manchmal zum Segen.

Einmal kamen Christen in unsere Gemeinde, deren Auto am Tag zuvor, einem Samstag, kaputtgegangen war. Sie kamen aus einer anderen Stadt, waren auf der Durchreise und kannten in Moskau niemanden. Doch das Schlimmste war für sie, dass sie dadurch am Tag des Herrn nicht mit anderen Gläubigen Gottesdienst feiern könnten. Sie schlenderten über den Arbat und sahen plötzlich vor ihren Füßen eins unserer Traktate mit dem Titel „Das muss ich dir sagen". Sie freuten sich riesig, denn dort war die Adresse unserer Gemeinde abgedruckt. Einer von ihnen hielt bei uns eine Predigt zum Thema: Das Wertvolle liegt auf der Straße, doch die Menschen suchen es in ihrer Verzweiflung ganz woanders.

Einmal traf ich sogar in Kischinjow[22] einen jungen Mann, der mir erzählte, dass er in Moskau an einer Metrostation ein solches Traktat aufhob und dann zu uns in die Gemeinde kam. Er war sehr dankbar, dass wir ihm damals geholfen haben, denn er hatte kein Geld, nicht einmal für die Straßenbahn. Acht Jahre später trafen wir uns ganz zufällig in einer anderen Stadt. Dort übergab er mir einen Briefumschlag mit Geld und sagte: „Geben Sie dies Ihrer Gemeinde und sagen Sie, dass ich jetzt Christ bin, regelmäßig zum Gottesdienst gehe und euch nicht vergessen habe."

Ein Mann vom Arbat erzählte in unserer Gemeinde, er habe solch ein Traktat einmal seinem Bekannten, einem Alkoholiker, gegeben, und der habe einige Zeit später zu ihm gesagt: „Weißt du, es gibt wirklich einen Gott. Ich wollte mich aufhängen, ich

---

22 Hauptstadt von Moldawien.

hatte das Leben satt. Meine Familie war zerstört, auf der Arbeit war mir gekündigt worden, Freunde hatte ich keine, und niemand brauchte mich, da dachte ich: Hast dich genug gequält! Ich nahm einen Strick, eine Flasche Wodka und noch einen Apfel und ging in den Wald. Ich war vollkommen nüchtern. Zuerst wollte ich einen passenden Baum suchen und dann darunter zum letzten Mal etwas trinken.

Zwei Stunden lang ging ich durch den Wald, aber ich konnte keinen Baum finden, an dem man sich aufhängen konnte. Alle Äste an den Bäumen zeigten nach oben, kein einziger zur Seite. Am Anfang ärgerte ich mich, doch dann besann ich mich und bekam auf einmal Angst: Wie ist das nur möglich, da ist man im Wald und findet keinen Ast, um sich aufzuhängen? Dann erinnerte ich mich an dein Traktat und erkannte, dass es Gott war, der mir die Augen verschlossen hat, damit ich keinen Baum finde. Ich zerbrach die dumme Flasche und lief nach Hause. Jetzt trinke ich nicht mehr."

Ein anderer Mann hatte früher gestohlen. Er saß auf dem Bahnhof und wartete auf den Zug, in dem er jemanden ausrauben wollte. Er gehörte zu einer Bande. Deren Mitglieder „bewachten" einen Mann, der mit Geld im Koffer aus einer anderen Stadt kam, und „übergaben" ihn einander, um nicht aufzufallen. Der Dieb, der auf dem Bahnhof unsere Predigt gehört hatte, schüttete dann im Zug dem Mann mit dem Geld unauffällig ein Beruhigungsmittel in sein Glas, so dass er einschlief. Doch als der Dieb den Aktenkoffer mit dem Geld öffnen wollte, hörte er deutlich eine Stimme: „Rühr es nicht an, sonst wirst du sterben!" Der Dieb schaute sich um, doch da war niemand. Er nahm noch einmal den Koffer in die Hand und hörte wieder diese Stimme: „Du wirst sterben!" Vor Schreck ließ er den Koffer stehen und stieg an der nächsten Station aus.

Später kam er zu uns und erzählte uns diese Geschichte. „Ich weiß genau", sagte er, „dass das deshalb geschah, weil ich Ihre Predigt auf dem Bahnhof gehört hatte. Jetzt verstecke ich mich vor meinen Kumpeln. Sie würden mir nicht glauben, dass ich den Koffer nicht für mich selbst mitgenommen habe. Aber ich will auch gar nicht mehr stehlen, ich habe jetzt in einem Vorort von Moskau eine Arbeit auf der Baustelle gefunden."

4

Das grösste Wunder ist die Liebe

Wie unsere Gemeinde in Moskau entstand

So predigten wir also, und aus den Predigten erwuchs unsere Gemeinde, die wir „Blagowestije" (Verkündigung) nannten. Am Anfang hätte ich nie geglaubt, dass eine so ernste Sache wie eine Gemeinde daraus entstehen würde. Alles begann damit, dass ein Mitarbeiter der Mission „Licht im Osten", Waldemar Zorn, zu mir sagte: „Du predigst hier, aber wo sind deine geistlichen Kinder?" Ich sagte, dass ich sie in unterschiedliche Gemeinden schicke, denn auf dem Arbat gaben mir verschiedene Gläubige die Adressen ihrer Gemeinden. Doch darauf sagte er: „Du bist wie ein Kuckuck, der seine Eier in fremde Nester legt. Mit Menschen muss man doch arbeiten, sie wollen, dass man sich mit ihnen befasst." Er bot mir zwei kleine Räume in der Bibelgesellschaft an, und seitdem trafen wir uns dort zweimal pro Woche.

Ich erinnere mich noch gut an den ersten Gottesdienst. Es kamen zwei Leute. Ich ließ sie auf dem Sofa Platz nehmen und sagte zu ihnen: „Wartet mal, in fünf Minuten bin ich zurück." Ich lief auf die Straße, weil mir schien, zwei Personen seien viel zu wenig für einen Sonntagsgottesdienst. Ich wollte noch mehr Leute einladen. Die Pjatnizkaja-Straße ist ohnehin schon nicht sehr belebt, erst recht am Sonntag. Doch da erspähte ich in der Ferne zwei Gestalten. Ich weiß nicht mehr, was ich zu ihnen sagte, als sie näher kamen, doch anscheinend war mein Wunsch, dass sie zu uns kämen, so groß und mein Gesichtsausdruck so flehentlich, dass sie es mir nicht abschlagen konnten, obwohl sie sagten, sie hätten keine Zeit. Es waren zwei junge Mädchen, von denen die eine, Christina, später Mitglied in unserer Gemeinde wurde und dann auch ihre Eltern mitbrachte.

Meine erste Predigt hatte das Thema: „Geht hin und lehrt alle Völker!" Ich schaute die mir gegenüber sitzenden vier Personen an und sagte: „Warum seid ihr hierher gekommen? Jesus hat gesagt: Geht hin und lehrt. Aber ihr sitzt hier und tut nichts. In der Zwischenzeit geht unser Land durch Trunksucht und Drogenkonsum zugrunde!" So ging das etwa zwei Stunden lang. Bis heute wundere ich mich, dass sie in diesem Gottesdienst nicht nur sitzen geblieben sind, sondern zwei von ihnen am nächsten Sonntag auch noch jeweils eine Person mitbrachten. So entstand langsam unsere Gemeinde.

Ich hatte überhaupt keine Ahnung, wie man einen Gottesdienst abhält, und wenn ich mich an meine ersten Schritte auf diesem Gebiet erinnere, muss ich zugleich lachen und weinen. Ich nahm die christliche Kinderzeitschrift „Tropinka" mit und löste manchmal mit denen, die zum Gottesdienst kamen, die darin abgedruckten Rätsel oder las ihnen die christlichen Geschichten vor. Ich kannte nur ein einziges christliches Lied, das wir im Laufe des Gottesdienstes vier- oder fünfmal sangen. Keiner fand das langweilig, alle saßen mit leuchtenden Augen da und sangen es immer wieder so, als wäre es das erste Mal.

Was für ein Reichtum – meine Geschwister

Dann bekam ich Menschen zur Seite, die mich unterstützten. Einmal saß neben mir in der Metro eine Frau mittleren Alters und las einen Artikel mit der Überschrift „Flüchtlinge". Ich fragte sie: „Was schreibt der Autor über das Flüchtlingsproblem?" Ich weiß nicht mehr, was sie mir antwortete, doch es war klar, dass die Welt keine Antworten auf solche Fragen hat, denn die Welt bekämpft nur die Folgen, wobei die Ursache des Problems nicht erkannt wird.

Es ist wie in dem bekannten Witz mit den Hühnern: Ein Mann geht zu seinem Freund und sagt: „Meine Hühner krepieren alle, weißt du nicht, was ich da tun kann?" – „Womit fütterst du sie denn?", fragt der Freund. – „Mit Hirse", antwortet der Mann, worauf ihm der Freund rät: „Du musst die Hirse etwas salzen!" Nach einer Woche kommt der Mann wieder zu seinem Freund und sagt: „Sie sterben trotzdem." – „Was gibst du ihnen denn zu trinken?", fragt der Freund. – „Na, was schon, Wasser natürlich!" – „Dann gib ein bisschen Zucker dazu", sagt der Freund. Ein paar Tage später kommt der Mann wieder zu seinem Freund und sagt: „Alle Hühner sind tot!" – „Wie schade", antwortet der Freund, „ich hatte noch so viele Tipps für dich!"

„Ja, unsere Welt mit ihren vielen Ratschlägen", sagte ich damals zu der Frau in der Metro. „Das Problem liegt viel tiefer, es besteht darin, dass die Menschen ohne Gott leben. Das ist so ähnlich wie mit den Tsunamis, diesen riesigen Wellen, die das Land bis zehn Kilometer hinter dem Meeresufer überschwemmen und viel Leid und Zerstörung anrichten. Doch der Grund, warum solche Wellen entstehen, liegt in der Tiefe des Meeres. Dort beginnt es mit unterseeischen Erdbeben und gewaltigen Vulkanausbrüchen." Die Frau und ich lernten uns näher kennen, ich lud sie zu mir nach Hause ein, und wir redeten bis tief in die Nacht über Gott.

Sie erzählte später, dass sie von einer Woge des Glücks überströmt wurde, als sie nach unserem Treffen wieder auf die Straße trat. Sie hatte verstanden, dass etwas sehr Entscheidendes mit ihr geschehen war. Sie hieß Tamara und war Informatiklehrerin. Sie wurde zu einer der wichtigsten Mitarbeiterinnen in unserer Gemeinde, leitete Bibelstunden und las selbst dabei die Bibel zum ersten Mal.

Später kamen Viktor Antipow, Klawa, Galja, Lija, Katja und Lusja Janbulatowa zu uns, deren Mann Dmitrij bei uns Diakon wurde. Als er noch bei der Armee war, bat Lusja ihn im Brief, unbedingt das Neue Testament zu lesen. Er blätterte manchmal nachlässig darin, doch das brachte ihn dem Glauben natürlich nicht näher.

Als er aus der Armee entlassen wurde, studierte Lusja in Moskau, und sie mussten eine Wohnung mieten. Der Vermieter betrog sie; er verlangte im Voraus Geld von ihnen und sagte später, er habe es nicht bekommen. Ich erinnere mich, wie Lusja damals weinte. Die Gemeinde half ihnen, indem sie das nötige Geld aufbrachte.

Damals entdeckte Dmitrij das Evangelium für sich ganz neu. Er bekehrte sich und diente dem Herrn. Jetzt ist er leitender Diakon in der Gemeinde und arbeitet auch als Missionar. Er fährt oft in den Norden und besucht Menschen in den Besserungsanstalten.

Die anderen beiden Diakone unserer Gemeinde kamen vom Arbat. Der zweiundzwanzigjährige Jurij, ein Arbeiter, der oft betrunken auf dem Arbat stand und uns bei der Verkündigung störte, kam nach eigenen Worten nur deshalb in die Gemeinde, weil er weitere Skandale verüben wollte. Doch als er Lena sah, die bei uns Klavier spielte, verliebte er sich in sie, und dadurch begann er auch, den Herrn zu lieben. Einige Jahre später wurde er als Diakon eingesegnet. Jetzt haben die beiden schon drei Kinder. Der Vorsitzende des Kirchenvorstands für das Moskauer Gebiet bat uns, Jurij für die Gemeinde in Iwantejewka[23] freizustellen. Dort gibt es dreißig alte Frauen und keinen Pastor. Wir segneten Jurij, und jetzt tut er dort seinen Dienst.

Unser dritter Diakon, Jewgenij, ist Ingenieur und hat, wie seine Frau, die Schauspielerin ist, über die Verkündigung auf dem Arbat zur Gemeinde gefunden. Sie haben sich in der Gemeinde kennen gelernt und geheiratet. Auf ihrer Hochzeit sagte Jewgenijs Vater zu mir: „Ich hatte eine Tätigkeit, bei der ich die Gläubigen unterdrückte und ihnen Schaden zufügte, genau solchen, wie ihr es seid. Wer hätte das gedacht, dass mein eigener Sohn einmal dazu gehören und ich mich mit solchen Christen gemeinsam über sein Glück freuen würde!" – So wurde der Arbat für viele schicksalsbestimmend.

Später kamen noch andere Gemeindemitarbeiter hinzu: Igor ist ein weiterer angehender Diakon, und Sascha, Ljuba, Pawel und Faina sind unsere Musiker. Es kamen auch eifrige Beter und Beterinnen hinzu: Marina, Anja, Slawa, Tanja, Ljuda und Jewgenia. Wir haben zwei sehr gute Sonntagsschullehrerinnen: Almira und Sascha. Als Dolmetscherin arbeitet in der Gemeinde Lena – und noch viele andere tolle Leute gibt es bei uns.

Die Gemeinde ist also zahlenmäßig und geistlich gewachsen. Es kamen auch Flüchtlinge: Mukaram und Rosa aus Tadschikistan und die Armenierin Ella, die aus Aserbaidschan flüchtete, als dort um Nagornyj-Karabach gekämpft wurde. Diese Menschen, die einmal Haus, Familie, eine Ausbildung und gute Arbeit hatten, waren gezwungen, alles hinzuwerfen und weit weg zu ziehen. Sie haben alle materiellen Güter verloren. Aber welches Geld der Welt kann die seelischen Verletzungen wieder gutmachen, die sie durchlitten haben? Doch Gott hat diese Menschen nicht verlassen: Sie haben Frieden für ihre Seele gefunden und in der Gemeinde eine neue Familie. Es gibt auch sehr gute Ärzte in unserer Gemeinde: die Professoren Nikolaj

---

23 Stadt nordöstlich von Moskau.

Antonowitsch und Irina Konstantinowna, die schon vielen Gemeindemitgliedern geholfen haben.

Wenn ich zurückblicke, freue und wundere ich mich: Wie konnte das alles nur bestehen? Mit wie viel Hilflosigkeit hat alles einmal begonnen! So unsicher, ungeschickt und zurückhaltend war der Anfang, doch nun ist daraus eine reife Gemeinde geworden! Das ist ohne Gottes Kraft und Mitwirken nicht möglich. „Ich will meine Gemeinde bauen, und die Pforten der Hölle sollen sie nicht überwältigen", hat Jesus gesagt (Matth. 16,18), und das gilt für alle Zeiten.

Es kommen zwar ganz unterschiedliche Menschen in unsere Gemeinde, aber die Einheit im Geist ist erstaunlich. „Die Kirche", hat einmal ein Prediger gesagt, „ist die einzige Gemeinschaft in der Welt, für die die Voraussetzung zur Mitgliedschaft die Unwürdigkeit und die niedrige Stellung des Kandidaten ist. In der Gemeinde erholen wir uns wieder von den Reizen dieser Welt, vom Rausch der Leidenschaften und alltäglichen Begierden; wir werden erleuchtet, geheiligt und an unseren Herzen gereinigt, wir kommen Gott näher und vereinen uns mit ihm."

Ich bin meiner Gemeinde sehr dankbar, denn sie hat mich versorgt und mich vieles gelehrt und tut es heute noch. Was für gute Menschen sind in unserer Gemeinde! Sie sind echt und wollen ihr Leben dem Herrn weihen. In der Gemeinde habe ich erkannt, dass Menschen der größte Reichtum im Leben sind, und obwohl alle meine Verwandten weit entfernt, in Usbekistan, leben, kommt mein Bedürfnis nach Aufmerksamkeit, Fürsorge und Liebe hier in Moskau nicht zu kurz.

Als ich noch Angst vor Protestanten hatte

Wenn ich zurückschaue, staune ich auch über Gottes großen Plan. Er hat es so gewollt, dass ich als einzige aus unserer großen Verwandtschaft herausgerissen (ich kann es nicht anders nennen) und im fernen Moskau neu verwurzelt wurde, nur mit dem einen Zweck: um mich auf die Begegnung mit dem Geliebten vorzubereiten. Diese Begegnung hätte übrigens schon vor fünfundzwanzig Jahren stattfinden können, aber damals habe ich das leider nicht begriffen.

Damals geschah Folgendes: In meinen ersten Jahren in Moskau interessierte ich mich sehr für die Museen. Ich besuchte sie alle nacheinander. Auch die Kunst interessierte mich, die man beschreiben könnte als „Lüge, die uns beflügelte“ oder, mit einer Zeile Lermontows ausgedrückt: *„Er strahlte still wie ein Stern, lockte und rief, doch – wohin?“*

Die Kunst ist etwas Wunderbares, doch jemand, der nicht an Gott glaubt, zerbricht sich den Kopf in all den Museen, Theatern, an den historischen Gedenkstätten und alten Städten, immer bemüht, jene geistliche Leere zu füllen, die doch nur Gott ausfüllen kann. Oder er wechselt ständig etwas: mal die Möbel, dann die Kleider, dann den Ehepartner oder das Land. Jemand hat diesbezüglich einmal richtig bemerkt, dass sich der Mensch für das verlorene Paradies einen Garten Eden rings um sich her schaffen will.

Ich las also in der Zeitung „Trud“, dass es in Vilnius, der Hauptstadt von Litauen, das einzige Medizinmuseum der UdSSR gab, in dem der Schädel eines Menschen des Altertums mit einem durchgehenden Loch ausgestellt war. Dieses Loch war jedoch kein gewöhnliches. Angeblich hatte dieser Mensch einmal sehr starke Kopfschmerzen gehabt, und weise Männer der Wildnis hatten den Kopf mit einem glühenden Speer durchstochen, allerdings so, dass der Mann noch viele Jahre mit seinem Loch im Kopf leben konnte. Das wollte ich natürlich unbedingt sehen. Ich fuhr nicht allein nach Vilnius, sondern überzeugte noch meine Freundin Alla, die ich von der Arbeit kannte, und meine Schwester Sina, die mich gerade in Moskau besuchte, von der außergewöhnlichen Wichtigkeit dieses Loches in einem alten Schädel.

So suchten wir zu dritt in ganz Vilnius nach diesem Museum und fragten alle Leute, doch niemand kannte es. Nach langem Umherirren landeten wir schließlich am Stadtrand. Da sahen wir drei junge Mädchen mit Kopftüchern. Wir fragten auch sie nach dem Medizinmuseum. Sie antworteten, sie seien gerade auf dem Weg dorthin, und so schlossen wir uns ihnen an. Sie unterhielten sich unterwegs nicht mit uns, aber dann betraten wir irgendein Holzhaus, wurden von Leuten begrüßt, und man machte die vordersten Plätze auf einer Sitzbank für uns frei. Heute weiß ich, dass wir in einem Gebetshaus gelandet waren.

An jenem Tag feierte die Gemeinde gerade Hochzeit, aber die Braut und der Bräutigam weinten, und alle Gläubigen beteten laut und herzzerreißend. Ich fand das alles sehr seltsam. Aber am meisten erschreckte mich der Prediger: Er schaute mich während seiner Predigt die ganze Zeit an, und dabei kamen Funken aus seinen Augen. Das meine ich nicht im übertragenen Sinne, sondern wörtlich. Ja, richtige Funken kamen auf mich zugeflogen, und ich hatte die ganze Zeit Angst, sie könnten mich anzünden. So etwas habe ich in meinem Leben nie wieder erlebt, doch damals glaubte ich, ich sollte geopfert werden, und wäre am liebsten weggelaufen.

Doch dann war der Gottesdienst zu Ende. Wir wurden eingeladen, an der Feier teilzunehmen, die noch am selben Tag an einem anderen Ort stattfinden sollte. Ich dachte: „Da fängt dann bestimmt alles an!" Ich sagte, dass wir schnell zum Hotel zurück müssten und eilte zum Ausgang. Dann fragten sie nach dem Namen unseres Hotels und boten uns an, ein Auto zu schicken, das uns abholen und zur Hochzeitsfeier bringen würde. Das überzeugte mich endgültig davon, dass sie mich und mit mir meine Schwester und meine Freundin dort bestimmt verzehren wollten.

In der folgenden Nacht konnte ich vor Angst lange nicht einschlafen, und als ich endlich schlief, erwachte ich von meinem eigenen Geschrei. Ich hatte von dem Prediger mit den glühenden Augen und den Funken, die er auf mich losließ, geträumt. – All dies war Ausdruck dessen, was für einen Einfluss der Film „Wolken über Borskoje" auf mich gehabt hatte, in dem ein verzerrtes Bild von protestantischen Gläubigen vermittelt wird, die angeblich Erwachsene und Kinder opfern.

Damals hätte alles ganz anders kommen können, wenn ich dieses Zeichen Gottes erkannt und diesen wunderbaren, wahren Christen geglaubt hätte. Dann wäre mein Leben vielleicht völlig anders verlaufen. Ich hätte viele folgenschwere Fehler nicht begangen, die ich aus Dummheit und Unkenntnis des Lebens machte. „Aber durch Gottes Gnade bin ich, was ich bin", und ich danke dem Herrn für alles, was ich bisher erlebt habe.

Für mich ist es, als hätte ich zwei lange Leben gehabt, die wie zwei verschiedene Pole sind: An dem einen hätte man sich in totaler Finsternis zu Tode frieren können, wäre nicht Christus gekommen, um „ihnen die Augen aufzutun, dass sie sich bekehren von der Finsternis zum Licht und von der Gewalt des Satans zu Gott" (Apg. 26,18).

Es hat in meinem Leben auch Ereignisse gegeben, in denen ich die Hand Gottes sehr deutlich spürte. So hatte ich zum Beispiel das große Glück, 1992 im riesigen Moskauer Sportkomplex „Olympijskij", in dem etwa fünfzigtausend Menschen versammelt waren, um den berühmten Prediger Billy Graham zu sehen, meinen Glauben zu bezeugen. Sieben Jahre später, 1999, predigte ich zusammen mit Billy Grahams Tochter in Frankfurt vor zehntausend Menschen. Nach der Verkündigung kamen in Deutschland lebende Russen zu mir, wir beteten zusammen, und sie bekehrten sich zu Christus.

Es gab viele Zeichen Gottes, viele geistliche Siege, und „seine Gnade an mir ist nicht vergeblich gewesen". Nicht ich habe gearbeitet, „sondern Gottes Gnade, die mit mir ist". Alles geschah durch seine Güte.

Nicht aus sich selbst bringt die Erde Leben,
Blumen und Früchte hervor.
Nicht einen Halm würde es auf ihr geben,
wenn nicht das Licht sie beschiene zuvor.
(Schandor Petefi)

Aber ich will ganz ehrlich sein und zugeben, dass es nicht nur Siege, sondern auch Niederlagen in meinem Leben gegeben hat. Dann musste ich mich von Menschen trennen, denen ich mein ganzes Herz offenbart und mit denen ich im selben Dienst gestanden hatte. War das Verrat oder meine eigene Schuld? Wahrscheinlich beides. Längst nicht immer ist der Mensch in der Lage, die ganze Tiefe dessen, was das Evangelium lehrt, in sich aufzunehmen. Selbst Christen brauchen dafür lange Jahre, vielleicht ihr ganzes Leben. Sie steigen nur langsam, Schritt für Schritt, die geistliche Leiter empor. Für Christen, die noch jung im Glauben sind, ist es manchmal sehr schwer, inmitten der Vielzahl der Stimmen dieser Welt die Stimme Gottes herauszuhören.

Vor einiger Zeit wurde ich seelisch tief erschüttert, als ich erfuhr, dass jemand, der durch die Verkündigung auf dem Arbat zum Glauben gekommen war, gestorben war. Er hieß Walera und war drogenabhängig. Zur Erinnerung an ihn habe ich noch ein handgearbeitetes finnisches Messer. Dieses Messer war sein „Kind" gewesen, von dem er sich, wie er sagte, noch nie getrennt hatte. Zum Zeichen seiner Bekehrung schenkte er es mir.

Er betätigte sich damals auf dem Arbat als Taschendieb. Im Gedränge ist das gar nicht so schwer. Doch als er zu unserer Gruppe kam und die Bibel in meiner Hand sah, griff er den bei uns stehenden Leuten nicht in die Tasche, sondern machte sich schnell aus dem Staub. Es war ja irgendwie ein heiliger Ort, und bekanntermaßen sind Diebe ein ziemlich abergläubisches Volk. Doch ein Gedanke ließ ihn nicht mehr los: „Wovon sprechen die da überhaupt?" Er kehrte zurück, hörte interessiert zu und kam am nächsten Tag in die Gemeinde. Ich gab ihm die Adresse einer Hausgemeinde, die sich in Konkowo traf. Dort bekehrte er sich und ließ sich taufen.

Zur Taufe kam auch seine Mutter. Sie sagte, sie sei allein deswegen gekommen, weil sie sehen wolle, was das für Leute sind, die aus ihrem Sohn einen Menschen gemacht hatten. Der eine ihrer beiden Söhne sitze wegen Mordes im Gefängnis, und der andere, Walera, sei noch schlimmer; mit ihm sei es gar nicht auszuhalten. Ich sagte zu ihr: „Denken Sie denn, dass man jemanden aus menschlicher Kraft in so kurzer Zeit verändern kann? Es ist ja erst ein paar Wochen her, seitdem er die Gemeinde besucht, und er hat sich schon verändert. Vorher konnten weder Schule noch Miliz noch das Gefängnis oder Krankenhaus einen besseren Menschen aus ihm machen. Im Krankenhaus wurde er wegen seiner Drogensucht zwangsbehandelt, konnte aber nicht geheilt werden. Er gab sich trotzdem wieder die Spritze. Diese Veränderung konnten Menschen bei ihm nicht bewirken, sie sind ihm nur entgegengekommen. Gerettet hat ihn Gott." Walera hatte sein ganzes Leben keinen Kontakt zu seinem Bruder, aber nach seiner Bekehrung fuhr er zu ihm ins Gefängnis, brachte ihm eine Bibel und versöhnte sich mit ihm.

Ich erinnere mich noch, wie Walera kurz nach seiner Bekehrung selbst auf den Arbat ging, um zu predigen. Er hielt die Bibel über den Kopf und sagte: „Leute, ich war ein Dieb und drogenabhängig. Ich bin hierher auf den Arbat gekommen und habe euch beklaut, aber Jesus Christus hat mein Leben verändert. Bis ich dreißig war, hielt ich kaum etwas Schwereres in der Hand als einen Löffel, aber jetzt verrichte ich als Lastträger schwere körperliche Arbeit. Ich bin sehr glücklich über mein Leben mit Christus!"

Jemand aus der Menge sagte zu ihm: „Du brauchst uns nicht weiszumachen, dass du uns hier alle so toll beklaut hast. Das glauben wir dir nicht!" – „Das glaubt ihr nicht?", fragte Walera. Dann schaute er sich zu beiden Seiten um, und im nächsten Augenblick hielt er ein Portemonnaie in der Hand. Er rief: „Wem gehört diese Geldbörse?" Da rief eine Frau, die in der Gruppe stand: „Mir, das gehört mir! Ach, du Schreck, wie hast du das bloß gemacht?" Dies flößte allen große Achtung vor Walera ein, und sie hörten ihm nun besonders aufmerksam zu.

Im Laufe der Jahre war Walera in verschiedenen Gemeinden gewesen. Immer suchte er etwas. Er brachte sich mit Musikstücken ein, denn er spielte wunderbar Gitarre und sang dazu. Er war ein ehrlicher Mensch, allerdings auch immer unruhig und nie ganz zufrieden mit seinem geistlichen Leben. In der Ehe gab es Probleme. Einmal nahm er nach einer Auseinandersetzung mit seiner Frau eine Handvoll Tabletten. Draußen war es kalt. Er lief hinaus und fiel hin. Die Leute dachten, er sei betrunken, und, wie das normalerweise ist in solchen Fällen, beachtete ihn niemand. Als der Krankenwagen ihn abholte, kam er noch eine Woche auf die Intensivstation, konnte aber nicht mehr gerettet werden.

Ich wurde gebeten, die Beerdigung zu halten. Nie zuvor habe ich einen solchen Schmerz empfunden. Ich fühlte mich irgendwie schuldig an seinem Tod, obwohl wir uns die letzten Jahre gar nicht gesehen hatten. Aber der Arbat hatte uns so verbunden, dass ich an seinem Leben wie auch an seinem Tod stark Anteil nahm. Am Grab tat sein zweiundzwanzigjähriger Sohn Buße und bekehrte sich zu Jesus. Mein einziger Trost ist, dass Walera in der Woche, die er noch auf der Intensivstation verbrachte, nahe beim Herrn war, denn der Herr war auch ihm nahe.

In dieser Gewissheit bestärkt mich das große Opfer, das

Gott für uns am Kreuz vollbrachte. Warum war dieses Opfer so grausam? Weil Christus sich mit allen Menschen solidarisch erklären wollte. Im Kreuz Christi liegt eine große Kraft, ein großes Geheimnis verborgen. Der Schriftsteller A. I. Solschenizyn beschreibt, wie er sich einmal im Gefängnis das Leben nehmen wollte. Alles war vorbereitet, doch da zeichneten zwei unbekannte Mitgefangene plötzlich vor seinen Füßen ein Kreuz auf den Fußboden. Dieses Kreuz ließ ihn innehalten...

Schon lange weiß man, dass die Gläubigen in den sowjetischen Lagern und Gefängnissen oft despotischer behandelt wurden als die anderen Gefangenen, doch gerade die Christen haben oft überlebt. Denn es gibt keine wirksamere Überlebenshilfe, auch unter den schrecklichsten Bedingungen der Welt, als das Wissen, dass dein Leben einen Sinn hat. In der Erzählung „Ein Tag im Leben des Iwan Denissowitsch" sagt Schuchow zu Aljoscha, dem Baptisten: *„Sieh, Aljoschka... Christus hat dir befohlen, im Gefängnis zu sitzen, für Christus bist du jetzt hier. Aber wofür sitz ich? Dafür, dass sie sich einundvierzig nicht richtig auf den Krieg vorbereitet hatten? Dafür? Was kann ich dafür?"*

Die Christen haben viel Schweres erlebt, doch ihr Herr hat sie nie verlassen. Er ließ ihnen Hilfe zukommen, stärkte sie und tat sogar Wunder. Iwan Fedotow, ein Bruder, der achtzehn Jahre lang für seinen Glauben hinter Gittern war, sich heute aber bester Gesundheit erfreut, erzählte, er habe einmal in einer Einzelzelle einen Herzanfall erlitten. Da drängte sich plötzlich eine Taube durch den schmalen Spalt, ließ sich auf seiner Brust nieder und begann, heftig mit den Flügeln zu schlagen, so dass ihm Luft zugefächert wurde. So rettete diese Taube, dieser wunderbare Vogel Gottes, ihm das Leben.

In der Bibel steht, dass „die ganze Schöpfung bis zu diesem Augenblick mit uns seufzt und sich ängstet" (Röm. 8,22). Sie leidet mit dem Menschen und quält sich um des Menschen willen; sie möchte ihm dienen und rettet ihn sogar. Die Bibel beschreibt nicht umsonst so ausführlich, wie Adam allen Tieren einen Namen gab. Adam sprach mit den Tieren und verstand sie. Leider verstehen die Menschen heute nicht nur die Sprache der Tiere nicht mehr, sondern sie verstehen sich nicht einmal untereinander, auch wenn sie oft schon jahrzehntelang in einer Wohnung zusammenleben.

Einmal sah ich, wie Dmitrij, ein außergewöhnlich gebildeter Glaubensbruder, der neunzehn Sprachen spricht, sich in meinem Hauseingang mit einer Katze unterhielt. Es war ein ganz ausgeglichenes Gespräch, bei dem die Katze offenbar genau verstand, was er sagte.

Mein Schwager Telmann beispielsweise liebt den Boden und die Pflanzen. Schon mehrmals beobachtete ich, wie er früh am Morgen mit seinen Pflanzen sprach. Er ist als Lehrer an einer Schule tätig, doch redet er sehr gerne über alles, was aus dem Boden wächst. Letztes Jahr sagte er mir ganz begeistert: „Endlich habe ich den richtigen Tonfall für meine Weinreben getroffen. Sie sind nicht sehr gesprächig, und es hat lange gedauert, bis ich sie schließlich verstanden habe. Aber die Reben am Bewässerungsgraben grüßen mich dieses Jahr nicht, sie sind beleidigt. Ich hatte sie an Pfähle gepflanzt, aber dieses Jahr muss ich sie rausreißen. Das spüren sie und warten nun wie gelähmt auf diesen Moment. Wenn ich sonst früh morgens aus dem Haus ging, raschelten sie fröhlich mit allen Blättern und begrüßten mich, aber wenn ich jetzt komme, schweigen sie und sind ganz erstarrt. Sie haben sogar alle Vogelnester von ihren Zweigen geworfen. Damit geben sie den Vögeln ein Zeichen, in diesem Jahr auf ihren Zweigen keine Nester zu bauen.“ – Weinreben sind auf Menschen böse und informieren Vögel! Daran sieht man, wie eng die Geschöpfe Gottes in dieser Welt miteinander verbunden sind!

Begreifen wir, wie alle Dinge
ein allgemeines Band verknüpft,
so ist's nicht schwer, daraus zu schließen:
Es bleibt dem fernen Stern nicht unbewusst,
wenn wir die Blume sachte nur berühren.
(D. Thomson)

Eine wunderschöne Liebesgeschichte

Gottes Welt ist wunderbar, und das Schönste und Wichtigste in ihr ist die Liebe: die Liebe Gottes zum Menschen, die Liebe des Menschen zu Gott und die Liebe der Menschen untereinander. Als wir einmal mit einer christlichen Mission die Besserungsanstalt in Moschajsk[24] besuchten, fragte ich dort die Bibliothekarin: „Was lesen die Leute am liebsten?“ Sie antwortete: „Meistens fragen sie nach Büchern über die Liebe.“ Es gibt sogar ein weltweites Fest der Liebe: den Valentinstag. Die Liebe ist die wichtigste Eigenschaft Gottes. Darum sind die Menschen von einer nie verstummenden Sehnsucht nach Liebe erfüllt.

Ich möchte eine Liebesgeschichte erzählen, die ich von der schon erwähnten Guli Fjodorowna gehört habe, die zur Stalinzeit in Lagerhaft war. So hat sie es mir berichtet:

„Im Lager erzählten wir uns alle gegenseitig von unserem privaten und beruflichen Leben und erfuhren so sehr viel übereinander. Nur eines erfuhren wir nicht: wofür wir sitzen müssen. Ein junges Mädchen namens Ira sprach allerdings nie über sich persönlich. Sie war insgesamt zwanzig Jahre im Gefängnis.

Zwei Jahre, nachdem wir unter Chruschtschow rehabilitiert wurden, trafen sich drei von uns rein zufällig wieder: ich, Ira und Galja, die auch in Lagerhaft war. Glücklich über das Wiedersehen gingen wir in ein Lokal, kauften eine Flasche Wein und tauschten Erinnerungen an unsere Vergangenheit aus. Dann sagten wir zu Ira: ‚Jetzt kannst du uns doch sagen, weswegen du angeklagt wurdest.‘

‚Ja, jetzt kann ich es sagen‘, antwortete sie. ‚Ich habe Fremdsprachen studiert, und nach Abschluss meines Studiums wurde ich als Übersetzerin zur britischen Botschaft geschickt. Einmal kam ein englischer Lord, verliebte sich in mich, und wir heirateten. Wir lebten gerade drei Monate zusammen, da wurde er vom sowjetischen Außenministerium ohne weitere Erklärungen um Punkt Mitternacht ausgewiesen. Er konnte mir nur noch sagen: ‚Pass auf dich auf, hier bei euch geschieht etwas Furchtbares. Es kann sein, dass sie dich abholen, sobald ich fort bin. Präge dir meine englische Adresse wie das Vaterunser ein, und lass unbedingt etwas von dir hören!‘ Ich wollte und konnte das damals nicht glauben, ich hielt das für völlig absurd. Doch dann geschah es tatsächlich; drei Tage, nachdem er abgereist war, holten sie mich. Den Rest kennt ihr ja. Das ist meine Geschichte.‘

Galja und ich riefen fast gleichzeitig: ‚Und – weißt du seine

[24] Stadt westlich von Moskau.

Adresse noch?‘ Sie antwortete: ‚Was habe ich davon? Das ist inzwischen zweiundzwanzig Jahre her. Er ist doch ein Lord, er hat bestimmt geheiratet und mich schon längst vergessen. Wir haben ja nur sehr kurz, gerade drei Monate, zusammen gelebt. Nein, das hat gar keinen Zweck!‘ Doch wir fragten so lange, bis sie die Adresse herausbrachte.

Dann tranken wir uns mit einem zweiten Glas Wein Mut an, gingen zum Hauptpostamt und schickten ein Telegramm. Ebenfalls per Telegramm erhielt Ira von ihm eine Antwort: ‚Ich habe dich immer geliebt und dich mein ganzes Leben lang gesucht. Ich warte auf dich.‘ Er kam dann nicht selbst, um sie abzuholen, sondern schickte jemanden mit seinem Privatflugzeug, der sie auf das Wiedersehen vorbereiten sollte.

Sie bat uns als ihre Freundinnen, dabei zu sein, wenn dieser Bote kam. Ihr war dies alles sehr unangenehm: Gerade noch hatte sie auf der Gefängnispritsche gelegen, Toiletteneimer getragen, und nun sollte sie nach England, und dann noch mit einer Privatmaschine. Wir warteten also alle auf diesen Engländer. Als er kam, begrüßte er uns und fragte: ‚Wer ist Miss Petrowa?‘ Wir kippten fast von unseren Stühlen, als wir hörten, dass unsere Ira nun eine Miss war. Zum ersten Mal erlebten wir, dass jemand so angeredet wurde, man hatte das sonst nur so aus Büchern gehört.

Der Engländer sagte zu Ira: ‚Alle Papiere zur Ausreise sind fertig, das Flugzeug wartet auf dem Flughafen auf Sie. Doch könnten Sie mir vielleicht einmal Ihre Garderobe zeigen?‘ Ira öffnete ihren knarrenden, vorsintflutlichen Kleiderschrank, in dem nur eine alte, rote Bluse und ein graues Wolltuch hingen. Dann fragte er sie, ob sie mit ihm einkaufen gehen würde, und fügte hinzu: ‚Dort ist schon alles für Sie vorbereitet, wir kaufen hier nur etwas für unterwegs.‘ So fuhren wir zum Berjoska-Laden, der sonst Ausländern vorbehalten war, und dort wurde Ira so eingekleidet, dass wir sie nicht wiedererkannten. Allein der Nerzmantel, den sie bekam, kostete zehntausend Dollar. Dann bestieg unsere Ira schließlich wie eine Königin das Privatflugzeug. Wir schauten ihr nach und fragten uns, ob das alles nicht nur ein Traum war.

Später schickte sie uns einen Brief mit Fotos. Sie beschrieb, wie ihr Lord mit seiner Mutter zum Flugzeug gekommen war, um sie abzuholen. Sie hatte ihn sofort erkannt: ‚Er sah noch genauso aus, nur die Schläfen waren grau geworden.' Seine ersten Worte waren: ‚Wie lange habe ich dich gesucht, und du hast so lange nichts von dir hören lassen! Ich habe die sowjetische Botschaft mit Briefen und Telegrammen überschüttet, sie sollten mir helfen, meine Frau zu finden. Ich wusste, dass du noch am Leben bist. Als du schon zwei Jahre in Freiheit warst, suchte ich erneut nach dir. Ich erhielt von der Botschaft die Antwort, du seist an Bauchtyphus gestorben und irgendwo beerdigt. Doch innerlich spürte ich, dass du lebst. Darum habe ich nie geheiratet und all die zweiundzwanzig Jahre jeden Tag auf dich gewartet.'

Ira schrieb uns, dass sie in einem riesigen Haus wohnt, wie in einem Palast. Doch dabei vergisst sie nie die Lagerpritschen, auf denen wir wie Sardinen lagen, wo man durch die Enge fast erstickt wäre und sich nur auf Kommando umdrehen konnte. Wenn die Bettnachbarin starb, freute man sich, dann konnte man wenigstens für eine Nacht, solange noch keine Neue da war, etwas freier atmen. Oft beneidete man die Verstorbenen, weil sie es besser hatten, sie waren endlich erlöst! – Solch ein Glück ist unserer Ira also widerfahren", beendete Guli Fjodorowna ihre Geschichte. „Doch ich weiß nicht", fügte sie hinzu, „ob sie das alles so zu schätzen gewusst hätte, was ihr so überraschend zufiel – ihren unglaublich treuen Mann, das Leben in England, ihr Haus –, wenn sie nicht früher so viel Not erlebt hätte."

Wie schön ist es, solche Liebe und Treue zu erfahren. Es bewegt uns deshalb so sehr, weil es nicht häufig vorkommt, besonders heutzutage. Als ich diese Geschichte hörte, dachte ich an die Liebe Gottes und die Treue seines Versprechens: „Ich will dich nicht verlassen und nicht von dir weichen" (Hebr. 13,5). An anderer Stelle sagt er: „Und siehe, ich bin bei euch alle Tage bis an der Welt Ende" (Matth. 28,20).

Guli Fjodorowna und die Schmerzen Russlands

Während ich die obigen Zeilen schrieb, ist Guli Fjodorowna gestorben. Sie hatte kein leichtes Leben. Ihr erster Mann hat sie verlassen, und als sie einen anderen heiratete, brachte der erste

Mann die beiden aus Rache ins Gefängnis, indem er das Gerücht verbreitete, sie sei eine japanische Spionin von der Insel Taiwan. Im Gefängnis bekam sie ein Kind, das aber nach sieben Monaten starb, und auch ihr zweiter Mann starb im Gefängnis. Als sie schon alt war, heiratete sie ihren Jugendfreund, der Witwer geworden war. Nach der Rehabilitation zeigte ihr der Ermittlungsbeamte, da sie ihm sympathisch war, die Anzeige ihres ersten Mannes und empfahl ihr, ihn für gefälschte Papiere hinter Gitter zu bringen. Doch sie entgegnete: „Nein, er hat jetzt eine Familie, es täte mir um die Kinder Leid. So wird das Leid nur noch größer. Christus hat gesagt: Vergebt einander!"

Dreimal hat Guli Fjodorowna versucht, sich das Leben zu nehmen, doch jedes Mal misslang es ihr. Beim letzten Mal hatte sie schon den Kopf in der Schlinge, da hörte sie eine Stimme: „Versuch es nicht, es wird dir nicht gelingen. Deine Mutter ist noch am Leben. Ich komme selbst, um dich zu holen." Jemand sah sie und rettete sie.

Später wurde sie vom Gewicht eines schweren Eimers in einen tiefen Brunnen gerissen, überlebte aber. Im Lager wurde sie einmal für einen Sack Kartoffeln von den Aufsehern so geschlagen, dass sie glaubten, sie sei tot, und sie in einen Stall warfen. Andere – verbrecherische – Gefangene hatten die Kartoffeln gestohlen, aber Guli Fjodorowna verriet sie nicht, sonst hätten die sie ermordet. Mitten in der Nacht kam sie wieder zur Besinnung. Sie begann, sich selbst und die eisigen Knüppel, auf denen sie lag, abzutasten. Da begriff sie, dass sie nackt auf einem Leichenhaufen lag. Sie kroch zur Tür und schleppte sich aus dem Stall. Als der Wächter sie mit ihren dünnen Armen und Beinen und mit langen Haaren sah, rief er: „Eine Spinne! Da kriecht eine Spinne!" So blieb sie auch damals am Leben.

Im Gefängnis schoss man auf sie, weil sie versehentlich einen Schritt aus der Reihe tat. An der linken Brust blieb eine Narbe zurück, die Kugel flog an ihr vorbei. – Guli hat alles Mögliche erlebt: Hunger und Schläge, auch eine Ratte in einer eisigen Zelle, aber Gott hat sie bewahrt. Sie hat ein schweres Los getroffen, und nicht jeder kann so etwas ertragen. Aber ein Sprichwort besagt, dass jedes Kamel die Last bekommt, die es tragen kann. Guli Fjodorowna hatte ein großes, gutes Herz, und das half ihr in allen ihren Nöten.

Am 15. Februar, dem Tag des Heiligen Simeon und orthodoxen Feiertag „Sretenje“[25], war ich bei Guli auf ihrem Geburtstag. Am Tisch baten mich die Verwandten ihres Mannes, der Jubilarin eine Rede zu halten. Ich sagte, dass das altslawische Wort „sretenje“ soviel wie „Begegnung“ bedeutet.

Welche Begegnung ist hier gemeint, an die dieser Feiertag erinnert? Bei den vielen Begegnungen, die es in unserem Leben gibt, ist eine von größter Bedeutung: die Begegnung, die wir durch den Glauben schon hier auf der Erde mit dem Herrn, Jesus Christus, haben. Diese Begegnung bestimmt alle anderen Begegnungen unseres Lebens, auch die wahrscheinlich wichtigste von allen, nämlich mit Gott in der Ewigkeit.

Als ich all dies sagte, vermutete ich nicht, dass es meine letzten Worte an Guli Fjodorowna sein würden. Am nächsten Tag starb sie. Sie begegnete ihm. Wie wahr sind die Worte Salomos: „Ein guter Ruf ist besser als gute Salbe und der Tag des Todes besser als der Tag der Geburt“ (Pred. 7,1). Sie hat sich den Tod gewünscht, und jetzt hat ihr Leid ein Ende. Mögen die Geschichten aus ihrem Leben, die ich hier festhalte, ihr ein gutes Andenken bewahren.

Guli Fjodorowna war sehr vielseitig begabt. Als sie noch ein kleines Mädchen war, lud Isadora Duncan, die berühmte amerikanische Tänzerin und Frau des Lyrikers Jessenin, sie ein, in ihrem Theater zu tanzen. Guli Fjodorowna war mit vielen bekannten Künstlern befreundet, aber als sie aus dem Gefängnis kam, wurde sie von allen gemieden, denn jeder fürchtete um seinen Ruf, da sie ja ein „Volksfeind“ war. Nur Ljubow Orlowa lud sie noch ein und gewährte ihr Unterkunft. – Jetzt hat sie es gut, denn sie ist nun dort, wo es „kein Leid noch Geschrei noch Schmerz“ mehr gibt.

Das Schicksal von Guli Fjodorowna ist typisch für die leid- und schmerzerfüllte Geschichte Russlands. So viele sind unterdrückt worden, haben Krieg, Gefängnis und Hunger erlebt, und im Vergleich zu all dieser Not kommen einem unsere heutigen Probleme ganz gering vor. Statt nach denen zu suchen, die

[25] Orthodoxer Feiertag zum Gedenken an die Begegnung (russisch „sretenje“) des Simeon mit dem Jesuskind, als es von seinen Eltern zur Weihe in den Tempel gebracht wurde (Lk. 2,25-35).

an unserem Leid schuld sind – die schlechte Regierung, die bösen Feinde im Westen, die Juden, die Freimaurer, die Tschetschenen –, sollten wir lieber an unsere Sünden und die Sünden unseres Volkes denken. Wir müssen Buße tun, wie das die großen Gottesfürchtigen taten, die im Namen ihres Volkes gebetet haben: „Wir haben gesündigt samt unsern Vätern, wir haben unrecht getan und sind gottlos gewesen" (Ps. 106,6). Nur dann können wir bessere Lebensverhältnisse in unserem Land erwarten. „Wie sollen sie aber den anrufen, an den sie nicht glauben? Wie sollen sie aber an den glauben, von dem sie nichts gehört haben?", fragt der Apostel Paulus (Röm. 10,14).

Wann die Menschen das Evangelium am besten aufnehmen

Heute waren wir wieder auf dem Bahnhof. Wie dort die Leute auf das Evangelium hören! In den letzten Wochen fällt mir das besonders auf, und ich denke, dass dies unmittelbar mit dem Krieg in Tschetschenien zu tun hat. Ich mache so meine Beobachtungen, zu welchen Zeiten die Menschen das Evangelium am besten aufnehmen: Das war zur Zeit des Putsches, nach der Krise vom 17. August 1998 und jetzt, da in Tschetschenien der Krieg wütet. Das ist nicht verwunderlich, aber interessant zu beobachten, und es bestätigt nur das Sprichwort: „Solange es nicht donnert, bekreuzigt sich der Mann nicht."

Mit Dankbarkeit denke ich daran, wie wir 1991 an der Manege und am Weißen Haus viertausend Neue Testamente an die Soldaten verteilten. An der Manege herrschte eine beängstigende, tödliche Stille. Dort standen Panzer und um sie herum die Menschen, aber keiner sprach mit dem anderen. Ich suchte mir damals eine erhöhte Stelle, hob die Bibel hoch und bat die Soldaten: „Bringt uns nicht um, das will Gott nicht. Gott will nicht, dass Blut fließt. Jesus ist für uns gestorben, damit wir einander lieben. Wir sind alle Brüder und Schwestern und haben einen gemeinsamen Vater im Himmel!"

In dieser grausigen Stille kam es mir ständig so vor, als würde mir jede Sekunde jemand eine Kugel durch den Kopf schießen. Das sage ich nicht, um zu betonen, welchen Mut ich damals besaß, was auch gar nicht der Fall war, sondern um zu bezeugen, dass Gott in solchen Situationen eine erstaunliche Furchtlosigkeit schenkt.

Zur Zeit des Putsches sagte mir ein Geistlicher und Mitarbeiter der Bibelgesellschaft, ein geschätzter und ehrenwerter Mann, der mir auch den Vorschlag gemacht hatte, diese Aktion durchzuführen, ich solle nicht von der Bibel sprechen, sondern nur den Erlass Jelzins vorlesen, in dem alle Putschisten als illegale Machtergreifer bezeichnet wurden. Ich antwortete, dass ich nicht für einen Erlass Jelzins sterben wolle, sondern allein um Jesu willen gekommen sei. Und dann wurde mir dort etwas Erstaunliches deutlich, nämlich dass man sich, wenn man etwas um Jesu willen tut, vor nichts zu fürchten braucht, nicht einmal vor dem Tod.

Am Weißen Haus war die Atmosphäre ganz anders. Dort waren die Demokraten, und da ging es lebhaft zu. Alle redeten miteinander und scharten sich wie zu einer großen Familie zusammen. Wie offen waren die Menschen damals für das Evangelium, und wie gerne nahmen sie die Neuen Testamente entgegen!

Wir können Gott danken, dass Anfang der neunziger Jahre vielen Menschen die Augen geöffnet wurden und viele erschreckt waren über das Verbrechen ihrer Väter und Großväter. Aber leider ist der Mensch ein unbeständiges und zwiespältiges Wesen. Es ist wie im Neuen Testament beschrieben: Zuerst schrie das Volk „Hosianna!" und dann: „Kreuzige ihn!" So kann es auch vorkommen, dass wir gleichzeitig Gott dienen und unter der roten Flagge marschieren wollen.

Oh, Russland! Gegen dich hat sich der Geist der Rache durch das Schwert erhoben,
weil du schweigend am Kreuzweg stehst
und weder das Zepter des Tieres
noch das leichte Joch Christi emporzuheben wagst.
(W. Iwanow)

Vor diesem Dilemma, für was man sich entscheiden soll, steht nicht nur Russland, sondern jedes Volk und jeder einzelne Mensch. „Ich habe euch Leben und Tod... vorgelegt, damit du das Leben erwählst und am Leben bleibst, du und deine Nachkommen" (5. Mose 30,19).

Wir sind Gott dankbar, dass wir im Herbst und Winter dieses Jahres Hunderte Neue Testamente an die Soldaten auf dem Leningrader Bahnhof verteilen konnten, und ich glaube, dass daraus ganz sicher gute Früchte hervorgehen werden. Einmal war der große Wartesaal zur Hälfte mit Wehrpflichtigen aus Dagestan besetzt. Da musste ich schnell meine Predigt ändern und erzählte ihnen etwas von Allah, den Propheten, Mohammed und Christus. Die Menschen aus Dagestan und Tschetschenien sind verbittert, denn die Russen haben ihr Land verwüstet, und Christus ist in ihren Augen ein Russe, also haben sie mit ihm nichts zu tun.

Und als ich so predigte, sagten diese Dagestaner auf einmal zu mir: „Bei uns tragen die Frauen Kopftücher!" Ich trug ein Tuch um den Hals gebunden und sagte: „Einen Moment, ich binde mir ein Kopftuch um." Da kam ein junger Bursche auf mich zu und fragte: „Darf ich es Ihnen binden, wie unsere Frauen es tun?" Dann band er mir das Kopftuch auf moslemische Art um, so dass die Stirn verdeckt war. Jemand rief: „Jetzt sieht sie aus wie eine von uns!" Der Saal applaudierte laut, und nach meiner Verkündigung nahmen viele Dagestaner ein Neues Testament mit. Ich hörte, wie einer der Wehrpflichtigen zum anderen sagte: „Wir sollten uns zuerst die Hände waschen, das ist doch ein heiliges Buch, es ist nicht gut, wenn wir es mit schmutzigen Händen anfassen."

Ein Buch für die Tadschiken

Kaum ein moslemisches Volk ist so aufgeschlossen für die Verkündigung des Evangeliums wie die Tadschiken. Ihnen braucht man es nicht einmal in die Sprache des Korans zu übersetzen. Vor einer Woche trat nach einer Predigt ein Tadschike namens Schali auf mich zu und sprach mit mir über den „Dschihad", den heiligen Krieg der Moslems, in dem drei seiner Brüder umgekommen waren. „Ich bin stolz auf meine Brüder", sagte er, „denn sie sind in den Himmel gekommen. Aber was ihr hier macht, ist ein besserer Dschihad, denn ihr versteckt euch nicht, sondern führt einen öffentlichen Krieg. In dem anderen Dschihad schießt dir jemand in den Rücken und du siehst nicht, wer es war... Allah wird im Gericht einmal fragen: ‚Kennst du mein

Buch, den Koran?', und ich zum Beispiel werde dann sagen: ‚Nein, ich hatte nicht die Möglichkeit, es zu lesen, ich konnte kein Arabisch, und bei uns herrschte siebzig Jahre lang der sowjetische Atheismus.' Aber Allah wird mir den Film meines Lebens zeigen und mich fragen: ‚Natürlich hast du etwas von meinem Buch erfahren! Ich habe dir doch einen „Uloma" (Lehrer) auf den Leningrader Bahnhof geschickt!'"

Ich wunderte mich, wie ein überzeugter Moslem so biblisch denken konnte. Wenn überall ein solcher heiliger Krieg, ein solcher „Dschihad", wie er sagte, geführt würde, wie wir es auf dem Bahnhof tun, wären seine Brüder noch am Leben. Er bedankte sich für die Verkündigung und nahm ein Neues Testament mit.

Vermutlich hat ihn der Tod seiner drei Brüder sehr beschäftigt, und er musste ständig an den „Dschihad" denken: Was bedeutet das – heiliger Krieg? Leider kennen nicht alle Moslems die wahre Bedeutung dieses Wortes. „Dschihad" heißt „Eifer; Bemühen" und meint den Kampf gegen das, was die Moslems mit dem Wort „Dunja" (wörtlich: „Welt") bezeichnen. Die Welt, von Gott erschaffen, ist an sich nicht böse, aber die Beziehungen zwischen den Menschen und ihre Taten auf der Erde stehen oft im krassen Widerspruch zum Willen Gottes. Die Welt, „Dunja", verführt die Menschen und lenkt sie vom gerechten Leben ab, sie macht sie gierig, brutal und stolz. „Dschihad" ist der Kampf gegen diese Schwächen. Wie oft begründen Menschen ihren Hass mit den erhabensten, aufrichtigsten und edelsten Absichten im Namen des Guten! Ich weiß nicht, von wem die folgenden Zeilen stammen, aber ihnen ist nichts hinzuzufügen:

Im Namen von Gleichheit der Menschen,
im Namen gespenstischer Ideen,
im Namen von Frieden und Freiheit,
im Namen von Brüderlichkeit und Liebe
schmieden Völker ihre Waffen
und ertränken alles im Blut!

Ein anderer Tadschike, der sowjetische Volkskünstler Dschurabek Muradow, dem ich auf einer großen tadschikischen Hochzeit in Usbekistan eine Bibel schenkte, zeigte diese sehr erfreut allen an seinem Tisch sitzenden „Hohen Tieren" der Stadt und sagte: „Liebe tadschikische Mitmenschen, wenn wir dieses Buch lesen und leben würden, wie es hier steht, würden wir nie wieder miteinander Krieg führen und hätten endlich Frieden auf der Erde." Als jemand fragte: „Aber ist das nicht ein Buch über das Christentum?" antwortete er: „Dies ist ein Buch über uns alle. Die Tadschiken sind ein altes biblisches Volk, das an der Befreiung der Juden aus babylonischer Gefangenschaft beteiligt war, und der persische König Cyrus, den der Prophet Jesaja in der Bibel beschreibt und der alles für den Bau des Tempels in Jerusalem tat, ist unser Vorfahr. Als ich mit einem Konzert in Israel war, habe ich darüber in einem großen öffentlichen Saal gesprochen. Ich sagte: ‚Hört mal, Juden, wir sind doch Brüder, und ihr seid uns sogar noch etwas schuldig, denn wir sind es, die euch vor zweieinhalbtausend Jahren aus der babylonischen Gefangenschaft befreiten und euch halfen, den Tempel zu bauen!' Daraufhin stand der ganze Saal auf und applaudierte. Der Bürgermeister überreichte mir symbolische Schlüssel seiner Stadt."

Als dieser Künstler die Hochzeitsgesellschaft verließ, drückte er die Bibel vor allen seinen Verehrern stolz an die Brust. Viele wussten, woher er das Buch hatte, und kamen nun schnell zu mir, um auch ein Exemplar zu erhalten. Innerhalb einer Stunde hatte dieser Künstler dort mehr bewirkt, als ich in mehreren Jahren tun konnte. Aber ich denke, dass ohne die lange, mühsame Arbeit der Aussaat von Gottes Wort dieses Ereignis nicht so stattgefunden hätte, das für mich wie eine Belohnung vom Herrn war.

Mein Neffe begleitete den Künstler bis zur tadschikischen Grenze und kehrte ganz begeistert zurück. Sein Idol hatte die Bibel und seine Tante sehr gelobt. Noch vor gar nicht langer Zeit hatte ja derselbe Neffe noch zu mir gesagt: „Du bringst nur Schande über uns, Tante, mit deinem Christentum und deiner Bibel."

Ich habe viele Nichten und Neffen, die meisten von ihnen haben sich – Gott sei Dank – zum christlichen Glauben bekehrt. Zwei von ihnen haben ein Predigerseminar besucht, vier weitere sowie ein Cousin und eine Cousine sind an einer Bibelschule. Meine Nichte Lejla wohnt bei mir und unterrichtet in einem Predigerseminar.

Doch besonders freue ich mich über meinen ältesten Bruder,

in dessen Haus sich meine Verwandten und die iranischen Nachbarn treffen, um zu beten und die Bibel zu lesen. Vor gar nicht langer Zeit sprach dieser Bruder noch sehr abfällig über die Bibel und Jesus Christus: „Wer ist denn schon dein Jesus? Er war doch nur ein einfacher Hirte bei unserem großen Propheten Mohammed!" Ich sagte daraufhin zu ihm: „Du hast Recht, Jesus Christus war wirklich ein Hirte, aber nicht nur für Mohammed, sondern für uns alle. Der König David nannte ihn den guten Hirten." – Darum, liebe Leser, wenn eure nahen Verwandten und Freunde nichts von Christus hören wollen und euch fortjagen – lasst euch nicht entmutigen. Die Zeit ist wie ein guter Boden, der die Saat nährt, so dass sie eines Tages anfängt zu wachsen.

Wahrscheinlich werden wir erst in der Ewigkeit vollständig erfahren, auf welche erstaunliche Weise Gottes Wort in den Herzen der Menschen gewirkt hat. Vor zwei Monaten erzählte mir meine Schwägerin, sie habe ihrer jüngeren Schwester, einer Sechstklässlerin, die in einem abgelegenen Dorf lebt, das Kinderbuch „Die Gleichnisse Jesu" auf Usbekisch gegeben. Ohne weiteren Kommentar ließ sie dem Mädchen das Buch da, das in sehr schöner Weise die Gleichnisse Jesu nacherzählt und auf der letzten Seite eine kleine Zusammenfassung enthält mit dem Hinweis, dass die Gleichnisse dazu auffordern, die richtige Entscheidung zu treffen und Christus nachzufolgen. Die Literaturlehrerin des Mädchens, eine begeisterte Islamistin, gab den Kindern auf, irgendein literarisches Werk auszuwählen und einmal außerhalb des Unterrichts daraus vorzulesen. Das Mädchen las aus den Gleichnissen Jesu vor.

Als die Lehrerin fragte, warum es gerade dieses Buch ausgewählt hat, antwortete das Mädchen, dass diese Gleichnisse zur Entscheidung aufforderten und die Menschen auf den Weg des Lichts und des Guten bringen wollten, auf den Weg Jesu Christi. Das Mädchen wurde entlassen und später nur unter Schwierigkeiten wieder aufgenommen, nachdem gründlich überprüft worden war, dass es nicht von jemandem „evangelisiert" und speziell zur Verbreitung des Christentums geschickt worden war.

In dieses weit abgelegene Dorf ist nie ein Prediger gekommen, und es hat dort nie Christen gegeben. Aber plötzlich geriet ein Buch in die Hände eines Kindes, das in seinem Herzen ein

Wunder bewirkte, so dass es anderen sofort davon erzählen wollte. Dieses beeindruckende Mädchen, das ich noch nicht kennen gelernt habe, lebt in diesem einsamen Bergdorf, erzählt anderen vom Erlöser und weiß nicht einmal, dass es damit den Auftrag Christi erfüllt und sogar schon für ihn gelitten hat. Dort, wo wir die Menschen nicht mit einem lebendigen Zeugnis erreichen können, kann oft ein Buch das Seine tun. Es ist wie ein Pfeil, der aus dem gespannten Bogen direkt ins Ziel trifft.

Warum ich nicht in die USA ausgewandert bin

Ich bin Gott dankbar für diese Arbeit, die ich in meiner Verwandtschaft, meiner Heimat, aber auch hier in Moskau auf den Straßen und Bahnhöfen tun kann. Ich danke Gott, dass mein Leben anderen etwas nützt und dass alles so gekommen ist. Es ist ein Glück und eine Gnade vom Herrn, wenn man in Gottes Weinberg arbeiten kann. Ich danke Gott, dass ich in Moskau geblieben und nicht nach Amerika ausgewandert bin, wozu meine Freunde mich bewegen wollten.

In der Perestrojkazeit gab es eine große Emigrationswelle. Ich war damals gerade erst zum Glauben gekommen, und ein christliches Ehepaar mit sechs kleinen Kindern, Dima und Lusja, luden mich zu sich nach Hause ein. Ich brachte noch einen Ungläubigen mit. Ihr Haus war sehr ärmlich eingerichtet, ich erinnere mich nur noch an Eisenbetten. Aber es war gemütlich und lustig bei ihnen. Später erlebte ich, wie sich diese Familie freute, wenn Zucker auf dem Tisch stand. Doch am Tag, als wir kamen, stand eine kleine Torte auf dem Tisch. Ich hörte, wie die Mutter den Kindern hinter der Tür ruhig erklärte, dass die Torte für die Gäste bestimmt sei und sie erst etwas bekämen, wenn die Gäste schon gegessen hätten. Diese Eindrücke bewegten mich natürlich sehr.

Ich schloss die Familie in mein Herz und freundete mich mit ihnen an. Bei ihnen lernte ich noch eine gläubige Schwester kennen, Galja. Sie alle entschlossen sich, auszuwandern, was damals noch recht einfach war, besonders für Gläubige, die zu Tausenden mithilfe eines israelischen Visums nach Amerika auswanderten.

Auch ich wurde von dieser Welle mitgerissen und reichte

damals ebenfalls die Unterlagen zur Ausreise ein. Nach drei Monaten erhielt ich die Zustimmung zur ständigen Wohnsitznahme in den USA und eine Einladung in die amerikanische Botschaft. Damals predigte ich fast täglich auf dem Arbat, und als ich die Dokumente zur Ausreise erhielt, war mein erster Gedanke über Amerika: „Was werde ich dann dort tun? Da gibt es doch keinen Arbat!" Ich wusste nicht, wie es in Amerika aussieht, war noch nie im Westen gewesen, aber eins wusste ich ganz sicher, dass es dort keinen Arbat geben würde. Und aus materiellen Gründen dahin auszuwandern, war es nicht wert. Hätte es nicht den Arbat gegeben, wäre ich vielleicht emigriert, um eine andere Welt und ein anderes Leben kennen zu lernen, aber das Glück, das ich auf dem Arbat erlebte, war mit nichts zu vergleichen, und nur aus diesem Grund blieb ich in Russland. Ich folgte auch nicht der Einladung in die amerikanische Botschaft.

Meine Freunde schreiben mir und rufen mich aus Amerika an. Vor einiger Zeit schrieb mir Galja: „Gut, dass du nicht nach Amerika ausgereist bist; dort bei euch wirst du mehr gebraucht!" Ich weiß nicht, was aus mir in Amerika geworden wäre, aber wie sehr ich hier gesegnet wurde, das weiß ich! Ich liebe Moskau, die Stadt, in der ich meine besten Jahre verlebt habe. Und ich wünsche mir sehr, dass es in Russland zu einer großen Erweckung kommt.

In ganz Russland nichts als Leid,
das Stöhnen des Windes in den Zweigen der Birken.
Doch aus Blut und Tränen
erwächst die Erwartung
deines Reiches, Christus!

(S. Solowjew)

Ich sah Christus am Himmel

Manch einer mag sich fragen, warum ich dieses Buch geschrieben habe. Die Antwort liegt in seinem Titel: Jesus Christus ist für mich ein ewiger Frühling. Im Frühling fand ich zum Glauben. Ostern ging ich dann zur Kirche des Heiligen Elia, von der ich nur fünfzig Meter entfernt wohnte. Auf der Straße waren viele Leute, und der Priester begrüßte alle, als er auf den Balkon stieg, mit dem Ostergruß: „Christus ist auferstanden!" Und meine Seele antwortete voller Freude: „Er ist wahrhaftig auferstanden!", so dass mir vor Glück fast das Herz zersprang.

„Das Herz eines jeden Festes ist die Gegenwart dessen, den man feiert" (Filaret Moskowskij). Diese Gegenwart war für mich damals so spürbar! Ich erkannte zum ersten Mal den Sinn dieses Ostergrußes. Es gibt kein größeres Glück im Leben als dieses „Der Herr ist auferstanden!" Der auferstandene Christus wird auch uns zu neuem Leben erwecken, und ich glaube, dass mich Christus, wenn ich sterbe, nicht in der Erde lassen, sondern für immer zu sich holen wird. Auf diese Begegnung warte ich.

In jenem Frühling hatte ich noch ein anderes Erlebnis. Ich hatte mich gerade zum Herrn bekehrt, und meine Seele war von einer ungewöhnlichen Freude und Liebe erfüllt. Es war Anfang Mai, da betete ich einmal nachts. Mich bewegte damals sehr die Stille mitten in dieser Nacht und das Geheimnis des Lebens. Ich fragte mich: Was ist das – Leben? Mir kamen die Tränen. In jener Nacht hätte ich mich am liebsten aufgelöst und wäre verschwunden. Ich wollte mich auflösen, wie sich Zucker oder Salz in Wasser auflöst.

In diesem Moment schrie es in mir aus der Tiefe meines Wesens: „Herr, wenn es dich gibt, will ich dich sehen!" Ich weiß nicht, warum ich diese Worte aussprach. Ich weiß nur, dass ich damit nicht um ein Wunder bat, das mir die Existenz Gottes beweisen sollte. Diese Worte lösten sich wie von selbst aus meiner Seele. Ich sprach sie nicht einmal zu Gott, sondern irgendwie zu dieser so deutlich atmenden Nacht.

Plötzlich hörte ich ganz überraschend eine Antwort: „Du wirst mich sehen!" Es war keine männliche und keine weibliche Stimme; sie kam aus dem Herzen, wie ein bestimmtes, sicheres Wissen. Ich zuckte zusammen und begriff sofort, dass es nun kein Zurück mehr gab: Ich würde etwas sehen. Und da dies mit Gott zusammenhing, dachte ich, ich würde sterben, sobald es passiert. In Gedanken bat ich: „Dass ich mich nur nicht zu sehr erschrecke!" Doch weiter geschah in dieser Nacht nichts mehr, ich schlief schließlich ein.

Einige Tage später, etwa um vier Uhr nachmittags, war ich in meinem Zimmer und trat ans Fenster, um zu schauen, ob es

Regen geben würde. Es war ein diesiger Tag, und ich war in Eile. Ich schaute durchs Fenster zum Himmel. Dort war Christus, ich sah ihn bis zur Brust. Ungewöhnlich große Augen schauten mich an. Sein Gesicht war sehr deutlich zu sehen. Vier Locken hingen auf seine Schultern herab, je zwei an einer Seite. Ich schaute ihn an, als wäre sein Anblick gar nichts Ungewöhnliches. In meinem Herzen herrschte vollkommene Gelassenheit, obwohl ich mich auch wunderte: Kann das wirklich wahr sein: Christus am Himmel! Unglaublich!!! Schade nur, dass er nicht eher erschienen ist, jetzt muss ich schnell weg.

Ich schaute ihn noch eine Zeit lang an, doch dann ließ ich ihn zurück und ging fort. Er hatte solch einen ruhigen Blick, dass ich den Eindruck hatte, er wäre dort so lange geblieben, wie ich ihn angeschaut hätte. Aber meine belanglosen Dinge waren mir wichtiger. Ich ließ ihn dort am Himmel und lief Hals über Kopf los, um irgendetwas Nebensächliches zu erledigen, und erinnerte mich erst am späten Abend wieder an das, was geschehen war. Vielleicht hat Gott extra alles so kommen lassen, denn ich hatte ihn ja gebeten: „Dass ich mich nur nicht erschrecke."

Als ich mich dann zu Hause zum Abendessen an den Tisch setzte, hörte ich jene Stimme wieder in meinem Herzen. Sie fragte: „Hast du gesehen?" Da erinnerte ich mich an alles: die Nacht, die Tränen, das Gebet und unser Gespräch. Erst da begriff ich, was ich getan hatte. Wie wahr ist das, was ein Theologe sagte: Wenn die Menschen jeden Tag um zwölf Uhr einen Engel am Himmel sehen würden, wäre ihr Staunen nicht von langer Dauer; am Ende würden sie nur zum Himmel schauen, um ihre Uhr „nach dem Engel" zu stellen.

Dieses Erlebnis war mir auf dem Arbat eine große Hilfe, obwohl ich es nie Ungläubigen erzählte. Und selbst mit gläubigen Menschen habe ich darüber nur in Ausnahmefällen gesprochen. Manchmal kamen solche „überschlauen" Philosophen auf den Arbat, deren Äußerungen die Menschen und auch mich mit meinem noch ungefestigten Glauben verwirrten. In solchen Situationen dachte ich an den lebendigen Christus am Himmel. Dann wurde augenblicklich alles verwandelt, als hätte man mich ausgetauscht: Eine lebendige Kraft strömte in mich hinein, und ich sprach wieder mit solch einer Überzeugung, dass die Leute die „Klugen" baten, still zu sein oder wegzugehen.

Allein die Liebe macht unser Leben glücklich

Ich bin zutiefst davon überzeugt, dass Christen täglich in den gewöhnlichsten Situationen Wunder erleben; das größte Wunder aber ist die Liebe, die mehr und mehr unsere Herzen erfüllt. Die Liebe und nur sie ist in der Lage, das Böse zu überwinden, das in der Welt regiert. Allein die Liebe kann unser Leben glücklich machen und es mit Sinn erfüllen.

Es gibt eine Legende: Als der Apostel Johannes schon sehr alt war und das Ende seines irdischen Lebens nahe war, wandte sich einer seiner Jünger an ihn und fragte: „Johannes, warum sprichst du immer nur von Liebe: von der Liebe Gottes zu uns und unserer Liebe zueinander? Warum sprichst du nicht auch mal über etwas anderes?“ Da antwortete ihm Johannes, der schon von seiner Jugend an Christus liebte und an seiner Brust gelegen hatte: „Weil es nichts anderes gibt als die Liebe.“

Jeder Mensch der Erde ist aus Liebe und für die Liebe geschaffen, denn er ist ein Geschöpf nach dem Bilde Gottes. Jeder Einzelne ist ein Schatz, eine „Tiefe des Reichtums“, und über jeden kann ein Buch geschrieben werden. Aber selbst wenn das gelänge, das menschliche Gedächtnis ist begrenzt und vergänglich. „Schaffe ein ewiges Gedächtnis“, so singen wir am Grab. Und Gott antwortet uns: „Ich habe dich je und je geliebt“ (Jer. 31,3). Die Liebe Gottes zu uns Menschen ist es, von der ich in diesem Buch erzählen wollte.

Allein in Christus besteht der Sinn meines Lebens. In ihm ist meine Auferstehung und mein ewiger Frühling.

Meine Oma und ihre Kinder. Die erste links in der zweiten Reihe ist meine 20-jährige Mutter.

Unsere Familie

Meine Oma Praskowja und ich

Meine Mutter Chatina Stepanowna

Guli Fjodorowna
nach 16 Jahren Stalinlager

Zu Besuch bei der Künstlerin Guli Fjodorowna und ihrem 97-jährigen Mann

Predigt auf dem Arbat

Verkündigung beim Lenin-Mausoleum

Die Moskauer Gemeinde „Blagowestije"

Versammlung der Christen in Usbekistan

Christen loben den Herrn Jesus Christus

... damit die Menschen Hoffnung haben

Vor mehr als 80 Jahren begann der Missionsbund „Licht im Osten", russischen Kriegsgefangenen in Deutschland das Evangelium zu verkündigen und die Christen unter ihnen zu Missionaren und Evangelisten auszubilden. Gleichzeitig versorgte man die Christen in der Sowjetunion mit Bibeln und christlicher Literatur.

Nach dem Zweiten Weltkrieg und insbesondere während des „Kalten Krieges" war diese Arbeit nur unter großen Gefahren und Schwierigkeiten möglich. Christliche Literatur durfte offiziell weder in die Sowjetunion noch in andere Länder des Ostblocks eingeführt werden. Aus diesem Grund wurden Transportfahrzeuge oder Gepäckstücke in Korntal so präpariert, dass Literatur unbemerkt in die Staaten des Ostblocks gelangen konnte.

Viele Jahre war diese Arbeit das Einzige, was wir für die Menschen im Osten tun konnten. Die Wende im kommunistischen System brachte auch eine Wende für unsere Arbeit als Missionsbund mit sich. Was früher nicht einmal denkbar war, wurde plötzlich Realität. Gott sei Dank!

Jetzt gehören zu unseren Arbeitsgebieten sogar Gemeindegründungen; dabei legen wir einen großen Akzent auf die Unterstützung einheimischer Missionare. Außerdem unterstützen wir Radio- und Kassettenmission: Auf diese Weise werden sowohl Menschen in entferntesten Orten erreicht als auch Mission unter Blinden ermöglicht.

Als Missionsbund möchten wir aber den Menschen in Osteuropa und Zentralasien nicht nur in ihrer geistlichen Not helfen, sondern auch in ihrem sozialen Leid. Monatlich fahren mehrere Transporte mit humanitären Gütern in den Osten. Humanitäre Hilfe erhöht die Glaubwürdigkeit und Ernsthaftigkeit unseres Anliegens.

Missionsbund „Licht im Osten"
Zuffenhauser Straße 37
70825 Korntal-Münchingen
Tel.: (0711) 83 99 08-0
Fax: (0711) 83 99 08-4
www.lio.org · www.lio.ru (Russisch)

LICHT IM OSTEN

... damit die Menschen Hoffnung haben!